BASA-ALSA와 함께하는
학습전략 프로그램 워크북

자원관리전략 기르기

| 김동일 저 |

학지사

2014년 정부(교육부)의 재원으로 한국연구재단의 일반공동연구지원을 받아 수행된 연구임
(NRF – 2014S1A5A2A03064945)

머리말

$\overset{\text{\LARGE 자}}{}$ 기주도 학습자로 성장하기 위하여 학습전략은 초등학교 학생에게 필요한 능력 이며, 자신이 스스로 깨우쳐야 할 기술로 여겨져 왔다. 학습전략의 결손으로 학업부적응을 보이는 학생이 증가하면서 이에 대한 교육적 요구가 점차 커지고, 이제는 혼자서 그냥 익혀야 할 기술이 아니라 체계적으로 가르치고 배워야 할 기초학습기능의 중요한 구성요소로서 관심이 높아지고 있다. 특히 학업 곤란도가 높아진 초등학교 3학년 이후 나타나는 학업 문제는 성적이나 평가뿐만 아니라 학생의 전반적인 자아개념, 대인관계, 가족관계, 인지 및 정서 발달 등 광범위한 영역에 영향을 주는 중요한 요인이다.

이 학습전략 프로그램 워크북[동기와 자아효능감, 자원관리전략, 인지전략, 초인지전략, (3학년 수준의) 교과 학습전략]은 아동의 학업 동기를 높이고, 적절한 학습방법 탐색의 기회를 제공함과 동시에 초등학교 교과서를 소재로 하여 학습자 맞춤형 학습전략을 개발하고 활용하도록 하는 데 목적이 있다.

이 워크북은 BASA(Basic Academic Skills Assessment: 기초학습기능 수행평가체제) 읽기, 수학, 쓰기 검사 결과에 따라 추가적인 개입이 필요한 초등학교 3학년 이상의 학습자를 대상으로 기초기능으로서의 학습기술에 초점을 맞추며, 또한 ALSA(Assessment of Learning Strategies for Adolescents: 청소년 학습전략검사)와 연계하여 학습전략을 정교화하고 풍부하게 활용할 수 있도록 구상되었다.

앞으로 교육현장에서 우리 아이들이 유능한 학습자로서 자신에게 적합한 학습방법을 적극적으로 탐색하기를 기대한다.

2015년 9월

SNU SERI

소장 김동일

차 례

BASA-ALSA와 함께하는
학습전략 프로그램 워크북 ③

자원관리전략 기르기

🔍 차시의 특성

자원관리기술 영역의 목표는 학생이 자신에게 주어진 학습자원을 스스로 관리할 수 있는 능력을 기르는 데 있다. 이를 위해 이 영역에서는 자원관리기술에 속하는 시간관리, 학습환경관리, 올바른 공부 습관 가지기로 구성된 학습관리 영역과 도움 추구 행동을 훈련하는 사회적 행동 영역에 대해 다룰 것이다.

학습장애를 가진 학생은 자신이 해야 할 일을 제한된 시간에 마치기 위해서 시간을 관리하는 기술을 익혀 활용하는 것이 도움이 될 수 있다. 또한 이들은 주의집중을 위해 주변에서 자신의 집중을 방해하는 요인을 제거하거나 학습 자극에 선택적으로 집중하는 데 어려움을 겪고 있기 때문에, 학습 공간이 학습에 어떤 영향을 미치는지에 대한 이해와 그것을 관리하는 습관에 대한 훈련이 필요하다. 이들은 학업과 관련된 문제를 혼자 해결하기 어려운 경우가 많으므로 주변 사람들에게 도움을 요청할 줄 알아야 한다. 따라서 자원관리 영역은 학습장애 학생이 학습과 관련되는 자원과 사회적 자원을 관리하는 기술을 습득하는 데 목적을 두고 있다. 이를 위해 각 회기마다 그에 적합한 다양한 활동을 포함시켰다.

이 영역의 첫 단계인 1차시는 자원관리기술이 어떤 것인지, 그에 대한 개괄적인 이해를 위한 활동들로 구성되어 있다. 학생들이 자원관리기술의 종류와 그 중요성을 쉽게 알 수 있도록 게임의 형식을 활용하여 제시하였다.

학습목표	■ 자원관리기술의 종류를 말할 수 있다. ■ 자원관리기술이 왜 중요한지 말할 수 있다.
내용	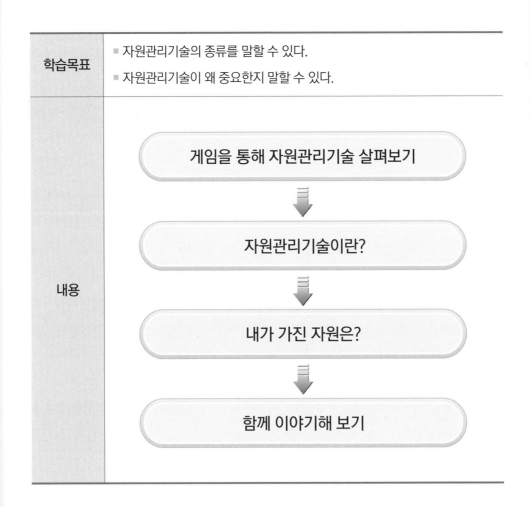

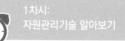
게임을 통해 자원관리기술 살펴보기

Tip 흥미를 느낄 수 있는 게임이라는 소재를 활용하여, 어떤 자원관리기술이 있는지 알아본다. 공부라는 성에 도달하기 위해서 어떤 기술들이 필요한지 살펴보고, 내가 이미 가지고 있는 기술들은 무엇인지, 또 어떠한 기술들이 추가적으로 필요한지 생각해 보는 시간을 갖는다.

다음 게임에 대한 설명을 읽어 봅시다.

　당신은 지금 앞에 있는 공신의 성을 정복해야 합니다. 성을 정복하기 위해서 가는 길에는 수많은 장애물과 어려움, 적들이 가로막고 있어요. 그들과 싸워 이기기 위해서는 공격과 방어에 필요한 아이템들이 꼭 필요해요.
　어떠한 아이템들이 있는지 살펴보도록 해요.

- 지도: 빠르고 안전한 길을 알려 준다.
- 요술 망토: 적들이 나타났을 때 마법을 사용해 무찌를 수 있다.
- 요정의 램프: 방해 공격을 하는 적들로부터 안전하게 지켜 준다.
- 전설의 백마: 험난한 길을 빠르게 헤쳐 나갈 수 있도록 도움을 준다.

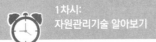

1차시:
자원관리기술 알아보기

자원관리기술이란?

Tip 자원관리기술이 무엇인지 간단하게 훑어본다. 이때 각 기술을 게임 아이템에 비유하여 설명함으로써 학생들은 더욱 흥미롭게 학습기술에 대한 개념을 알 수 있다.

📋 다음의 이야기를 읽고 생각해 봅시다.

> 우리에게는 정복해야 할 많은 성이 있어요. 지금 여러분이 정복해야 할 성은 무엇일까요? 그중에 학생으로서 가장 중요한 것은 바로 공부랍니다. 공부라는 성을 정복하기 위해서 우리는 여러 가지 다양한 무기들을 가지고 있어야 해요. 앞의 게임 이야기에서 살펴보았듯이, 빠르고 안전한 길을 찾을 수 있는 지도, 적들이 나타났을 때 마법을 사용해 무찌를 수 있는 요술 망토, 방해 공격을 하는 적들로부터 안전하게 지켜 줄 수 있는 요정의 램프, 험난한 길을 빠르게 헤쳐 나갈 수 있도록 도움을 주는 전설의 백마와 같은 것들이 필요하죠.

☺ 각각의 아이템들이 무엇을 의미하는지 살펴봅시다.

 지도	지도는 성을 정복하려는 여러분에게 빠르고 안전한 길을 알려 줍니다.

공부를 할 때는 나만의 지도가 필요합니다. 어떤 지도를 가지고 있느냐에 따라 내가 공부 목표에 도달하는 시간이 달라질 수 있어요.

나의 에너지를 키워 주는 망토예요. 망토를 입으면 지치지 않고 험한 길을 씩씩하게 걸어갈 수 있어요.

요술 망토

 공부를 할 때 중요한 요소 중 하나는 바로 자기관리예요. 건강한 몸과 마음은 다른 생각들이 떠오를 틈을 주지 않고 공부에만 집중할 수 있도록 도와주지요.

램프는 어둠의 세력을 빛으로 쫓아내어 내가 속한 공간을 안전하게 지켜 줍니다.

요정의 램프

 어떤 곳에서 공부를 하느냐도 매우 중요한 요소 중 하나입니다. 책상 위에 펼쳐진 만화책, 거실의 TV 소리, 컴퓨터 게임의 유혹을 차단한 좋은 학습 환경은 공부에 집중할 수 있도록 도와줍니다.

전설의 백마

백마는 험난한 길을 빠르게 헤쳐 나가는 데 도움을 줍니다.

혼자 가는 길은 힘듭니다. 마찬가지로 혼자 공부하는 것도 쉽지 않죠. 공부를 도 와줄 수 있는 친구, 선생님, 부모님과 함께 그 길을 간다면 공부를 더 잘할 수 있 어요.

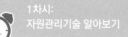
내가 가진 자원은?

Tip 학생이 자신이 가진 자원에 대해 검토하게 하는 것이 이 활동의 핵심이다. 특히 공부에 필요한 자원을 게임 캐릭터의 에너지와 같은 개념으로 생각해 봄으로써, 자원관리기술을 좀 더 친숙하게 여길 수 있다.

지금 내가 가지고 있는 아이템들의 레벨을 표시해 보고, 어떤 아이템이 더 필요한지 적어 봅시다.

	20	40	60	80	100
지도 (시간관리)					
요술 망토 (자기관리)					
요정의 램프 (공간관리)					
전설의 백마 (도움요청)					

요정의 램프와 관련된 아이템이 더 필요하다. 책상과 방정리를 잘 못하는데 조금 더 신경 써서 해야겠다. 모르는 문제가 있으면 선생님께 물어봐야겠다. 그리고 건강을 관리하는 것도 중요하다. 나 자신도 공부를 위한 소중한 자원이기 때문이다.

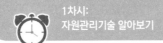

📋 이번 시간을 통해서 자원관리기술에 대해서 느낀 점이 있다면 적어 봅시다.

> 자원관리기술에 어떤 것들이 있는지 알 수 있었고, 공부가 즐겁다는 것을 게임에 빗대어 설명해서 훨씬 재미있다는 생각을 하였다.

우리가 공부를 잘하기 위해서는 여러 가지 다양한 기술이 필요해요. 시간을 잘 사용하는 기술, 내가 어떤 환경에서 공부가 잘 되는지를 알고 그러한 환경을 만드는 기술, 나의 몸과 마음을 건강하게 만드는 기술, 주위 사람들에게 도움을 요청하는 기술 등입니다. 이제부터 각각의 기술을 갖추기 위해 구체적으로 하나하나 살펴볼 거예요. 공부의 성을 탈환하는 그날까지, 파이팅!

마음에 드는 물건 주머니에 담기

※ 준비물: 주머니(제공할 물건들 중 가장 큰 물건이 하나만 들어갈 정도의 크기), 연필, 빵, 지우개, 공책, 책 등

① 활동 설명하기: 30초 동안 주머니에 자신이 원하는 물건을 담게 한다.
② 활동 후 발표하기: 담고 난 이후에 왜 그 물건을 담았는지 학생이 설명하게 한다.
③ 감상 나누기: 활동을 모두 마친 후 학생의 느낌에 대해 함께 이야기해 본다.

※ 주어진 활동을 통해 제한된 조건(주머니의 크기, 30초라는 시간) 속에서 모든 일을 할 수 없고 선택해야 함을 인식하도록 돕는다. 그러한 제한 때문에 시간관리, 공간 관리, 자기관리, 도움 추구 등 주변의 자원들을 효율적으로 이용할 수 있는 기술이 중요함을 알도록 한다.

2차시: 공부의 지도, 시간관리

🔍 차시의 특성

　2차시의 목표는 학생이 자신의 현재 일상을 점검함으로써 자신의 시간관리 현황과 그 문제점을 인식하고 시간관리의 개념과 중요성을 알게 하는 데 있다. 또한 학생 스스로 목표를 세우게 함으로써 자신에게 주어진 시간이 자신의 목표를 성취하는 데 귀중한 자원이라는 것을 알려 주는 것을 목표로 한다.

　시간관리란 자기관리기술의 하나로, 효율적으로 일 처리를 할 수 있도록 시간을 계획하고, 실천하며, 평가하고, 조정하는 것을 말한다. 따라서 시간관리기술을 가르치기 위해서는 시간을 계획하는 것, 이를 실천하고 점검하는 것이 회기 안에 포함되어야 한다. 이를 위해 학습장애 학생과 유사한 문제를 지니고 있는 사례를 통해 학생이 자신의 모습을 발견할 수 있는 활동이 포함되어 있으며, 이를 토대로 자신의 삶을 점검하게 하였다.

학습목표	▪ 시간관리기술에 대해 말할 수 있다. ▪ 나의 시간 활용을 점검하고 말할 수 있다.
내용	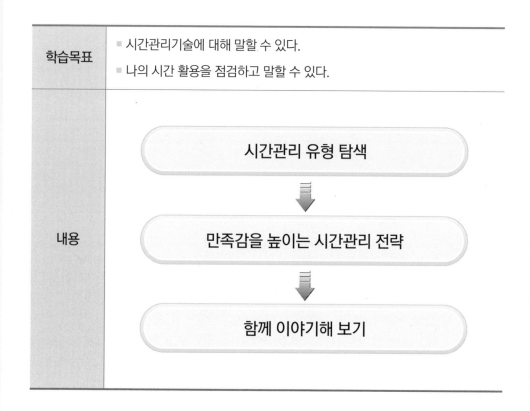

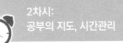
시간관리 유형 탐색

다음 두 친구의 이야기를 읽고 물음에 답해 봅시다.

Tip 두 학생의 하루 동안의 모습을 통해서 각각 어떤 문제점과 장점을 가지고 있는지 파악할 수 있도록 돕는다. 이러한 과정을 통해 자연스럽게 자신의 삶에 대해서도 생각해 볼 수 있도록 한다.

다은: "아휴, 바쁜 하루가 또 시작이네." 다은이의 하루는 쉴 틈이 없다. 학교를 마치면 또 다른 하루가 시작된다. 3시까지 피아노 학원에 가서 피아노를 배우고, 곧장 태권도 학원에 가야 한다. 당장 다음 달에 승단 심사가 있는데 아직 태권 3장도 다 못 외웠다. 태권도를 하면서도 마음이 편하지 못하다. 왜냐하면 어제 학원에서 내준 숙제를 다 못했기 때문이다. 태권도 수업을 마치고 집에 잠깐 들러 저녁 식사를 하고 다시 얼른 수학 학원에 갈 준비를 한다. 학원 수업 시작 10분 전에 가서 숙제를 마저 해야 한다. 학원 수업 시간에는 '학교 숙제를 하고 집에 가야지.'라고 마음먹지만 지칠 대로 지쳐 쏟아지는 졸음을 감당하지 못하고 꾸벅꾸벅 졸기만 한다. 집에 돌아오니 저녁 10시. 잠들기 전까지 학교 숙제와 씨름하던 다은이는 가까스로 숙제를 끝내고 잠자리에 든다.

정호: "밥 차려 놨으니 꼭 먹고 학교 가렴." 정호는 엄마의 목소리에 부스스 일어났다. 오늘도 아빠와 엄마는 일찌감치 출근하시고 정호는 혼자서 학교 갈 준비를 한다. 겨우 눈을 비비며 세수를 하고 옷을 입었다. 밥을 먹는 둥 마는 둥 하고 터덜터덜 학교로 걸어가다 보니 벌써 학교에서는 1교시를 시작하는 종소리가 들려온다. 무슨 말인지도 모를 오늘의 수업들이 모두 끝나고, 친구들은 각자 컴퓨터 학원, 태권도 학원, 영어 학원으로 바삐 걸음을 옮긴다. 학원을 다니지 않는 정호는 친구들과 놀이터에서 놀고 싶지만 오늘도 혼자다. 홀로 놀이터에서 공놀이를 해 보았지만 영 재미가 없어서 집으로 돌아왔다. 텅 빈 집에서 밥을 대충 차려 먹고 컴퓨터 앞에 앉았다. '오늘은 한 시간만 게임을 하고 숙제해야지.' 이렇게 마음먹었지만, 컴퓨터 게임을 한참 하다 시계를 보니 어느새 시간은 10시를 훌쩍 넘겼다. '아, 오늘도 숙제를 못하고 이렇게 하루가 갔구나.'라고 생각하며 부모님을 기다리다가 잠이 들었다.

☺ 다은이와 정호의 마음을 적어 봅시다.

다은이의 마음: 학원이 끝이 없어서 피곤하고 힘들어.

정호의 마음: 아무도 없어서 심심해. 컴퓨터를 하다 보니 하루가 벌써 다 갔네.

📋 다은이와 정호의 하루 중에 긍정적인 면과 부정적인 면을 찾아봅시다.

> **Tip** 다은이의 하루와 정호의 하루를 객관적으로 살펴보면서 어떤 모습으로 하루를 보내는 것이 바람직한지 고민해 볼 수 있도록 돕는다.

☺ 다은이의 하루

긍정적인 면	부정적인 면
• 학원을 열심히 다닌다. • 그날의 숙제를 마치고 잔다. • 계획대로 살려고 노력한다.	• 너무 바빠 친구들과 어울릴 시간이 없다. • 너무 무리한 계획으로 몸과 마음이 지친다.

☺ 정호의 하루

긍정적인 면	부정적인 면
• 마음속으로 계획을 세웠다. • 아침밥을 먹었다.	• 컴퓨터를 하기로 한 시간보다 더 많이 하였다. • 계획을 구체적으로 세우지 않아 실천하지 못하였다. • 숙제를 다 하지 못하고 잠이 들었다.

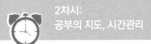

만족감을 높이는 시간관리 전략

다은이와 정호의 이야기를 생각하며 다음의 질문에 답해 봅시다.

Tip 두 친구의 이야기를 통해 학생 자신의 삶의 모습에 대해서 생각해 보는 시간을 갖는다. 자신이 시간관리를 함에 있어서 잘하고 있는 점과 부족한 점을 파악하여 그러한 부분을 어떻게 잘 활용하고 변형시켜 공부에 도움이 될 수 있을지 생각해 보는 시간을 갖도록 돕는다.

☺ 두 사람 중 나와 더 닮은 점이 많은 친구는 누구인가요?

정호

☺ 왜 그렇게 생각하나요?

학원을 많이 다니지 않는다. 그래서 학교에서 마치고 친구들과 놀고 싶은데 친구가 많이 없다. 숙제도 자기 전에 하려고 마음먹기는 하지만, 잘 실천하지 못할 때가 많다.

☺ 나의 하루를 살펴봅시다. 내가 하루를 살면서 힘들다고 느끼는 점이 무엇이고, 좋다고 생각하는 점은 무엇인지 자유롭게 적어 봅시다.

나는 재미있는 게임을 하고 싶은데 부모님이 게임 그만하고 숙제하라고 하면 힘들다. 엄마 말을 듣지 않고 게임을 하다 보면 잠잘 시간이 되어서 숙제를 못 끝내고 잠이 드는 버릇이 있다. 이럴 때 힘들다.

좋다고 생각하는 점은 친구들과 모여서 축구를 하거나, 재미있는 놀이를 할 때다.

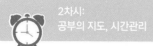

함께 이야기해 보기

📋 이번 시간에 새롭게 알게 된 점이나 느낀 점을 적어 봅시다.

새롭게 알게 된 점은 시간관리를 하면 공부와 노는 것을 모두 다 할 수 있게 된다는 점이다. 공부할 시간과 놀 시간을 정해 놓고 한다면, 그리고 부모님께도 말씀 드린다면 좀 더 여유롭게 공부할 수 있을 것 같다.

하루 동안 우리 모두에게 주어진 시간은 같아요. 어떤 친구는 그 시간을 유용하게 보내지만, 그렇지 않은 친구들도 있답니다. 여러분은 어떤 사람이 되고 싶나요?
시간을 효율적으로 사용하는 방법을 알면 하루를 보람차게 사는 사람이 될 수 있어요.

시험 공부를 위한 시간관리

Tip 다음 활동을 이용하여 학생이 실현 가능한 수준에서 시험 공부 계획을 함께 세우고 실천할 수 있도록 돕는다.

〈시험 공부 계획표 짜기〉

■ 한 과목을 몇 분 동안 집중해서 공부할 수 있나요?

_____

■ 공부하는 데 시간이 가장 오래 걸리는 과목은 무엇인가요?

_____

■ 가장 쉽게 공부할 수 있는 과목은 무엇인가요?

_____

■ 시험을 대비한 공부를 시험 보기 전 언제부터 시작하나요?

_____

■ 다음 지침에 따라 시험 볼 때까지 시간 계획을 함께 세워 봅시다.
  • 무슨 과목부터 공부할지 순서 정하기
  • 무슨 요일에 몇 시간 공부할지 정하기
  • 공부를 위해 필요한 자료를 확인하고 자료 모을 시간 확보하기
  • 날마다 실천한 내용과 실천하지 못한 내용이 무엇인지 확인하기

■ 아래 계획표를 작성하고 실천 여부를 확인합니다. 계획한 과목을 공부하지 못한 경우 언제 보충할지 정하고 추가 계획란에 기입합니다.

요일	공부할 과목	공부할 시간	실천 여부	추가 계획
월				
화				
수				

목			
금			
토			
일			

여가 시간에 할 일 적어 보기

Tip 여가 시간을 잘 보내는 것도 시간을 잘 활용하는 중요한 기술이다. 학생이 자신의 여가 시간을 즐겁게 보낼 수 있는 놀이들을 찾아낼 수 있도록 다음 활동을 이용하여 안내한다.

〈무엇을 하고 놀면 신날까?〉

■ 나에게 여가 시간이 주어졌습니다. 가장 먼저 무엇을 하고 싶은가요?

여가 시간에 나는 이런 활동을 가장 먼저 하고 싶다.	
1순위	
2순위	
3순위	
4순위	

■ 그 놀이를 즐겼을 때 내가 얻는 것은 무엇인가요? 그리고 내가 잃는 것은 무엇인가요?

얻는 것	잃는 것

■ 좀 더 재미있고 신나는 여가 활동에는 어떤 것들이 있을까요?

■ 이 놀이를 하기 위해서는 무엇을 준비해야 하나요?

■ 하루 중 언제 이 놀이를 할 수 있을까요?

3차시: 우선순위 정하기

🔍 차시의 특성

　우선순위는 시간관리의 기본이 된다. 시간관리란 자기관리기술의 하나로, 효율적으로 일 처리를 할 수 있도록 시간을 계획, 실천, 평가 그리고 조정하는 것을 말한다. 따라서 시간관리기술을 가르치기 위해서는 시간을 계획하는 것과 이를 실천하고 점검하는 것이 회기 안에 포함되어야 한다. 3차시에서는 시간관리의 기본이 되는 우선순위 정하기에 대하여 다루어 보고자 한다.

　많은 학생이 해야 할 일의 경중을 구별하지 못하여 중요하지 않고 급하지도 않은 일을 먼저 함으로써 정말 해야 할 일을 제시간에 끝내지 못하는 경우가 많다. 이 차시를 통해 학생이 평소에 할 일의 경중을 따져 제시간에 할 수 있도록 돕고, 시간을 관리할 수 있는 능력이 향상되는 것을 기대한다.

　이 차시에서는 학생의 하루 일과가 어떻게 구성되어 있는지를 파악하고 할 일을 분류하는 방법을 배운다. 할 일은 두 가지 기준에 의해 분류할 수 있다. 먼저, 해야 할 일과 나중에 해야 할 일을 분류하고, 꼭 해야 할 일과 꼭 하지 않아도 되는 일로 분류한다. 그다음에 할 일의 우선순위를 정한다. 우선순위를 정할 때 고려하는 기준으로 '① 중요하고 먼저 해야 할 일, ② 중요하지만 나중에 해도 되는 일, ③ 중요하지 않지만 먼저 해야 할 일, ④ 중요하지도 않고 나중에 해도 되는 일'을 제시한다.

학습목표	■ 꼭 해야 하는 일과 그렇지 않은 일을 분류할 수 있다. ■ 하루 동안 해야 할 일을 우선순위에 따라 분류할 수 있다.
내용	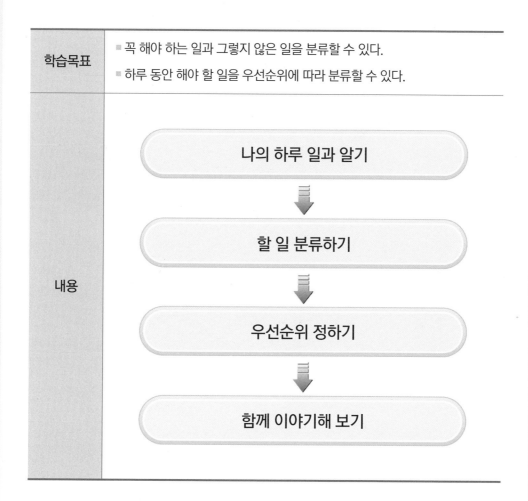

나의 하루 일과 알기

📋 나는 하루 동안 얼마나 많은 일을 할까요? 다음 시간표에 자신의 하루 일과를 그려 봅시다.

📋 나의 일과표를 그리고 느낀 점을 이야기해 봅시다.

재밌게 지내는 것 같다. 그런데 숙제를 하는 시간이 없는 것 같다.

| 3차시:
우선순위 정하기 | 할 일 분류하기 |

Tip '중요한 일'과 '중요하지 않은 일'을 학생 스스로 나누게 한다. 그리고 먼저 해야 하는 일을 순서대로 적어 보게 한다. 그다음 우선순위 분류에 대한 지침을 주어서 학생들이 할 일을 얼마나 잘 배치하고 있는지 스스로 점검하게 한다.

오늘 하루의 한 일 중 중요한 일과 중요하지 않은 일에 대해 적어 봅시다.

중요한 일	중요하지 않은 일
학교 숙제하기	학용품 사기
책 읽기	컴퓨터 게임 하기

앞에서 적은 일 중 먼저 해야 하는 순서대로 적어 봅시다.

학용품 사기, 컴퓨터 게임 하기, 학교 숙제하기, 책 읽기

다음 순서대로 하면 우선순위를 세우는 데 도움이 됩니다.

• 중요하고 먼저 해야 할 일
• 중요하지만 나중에 해도 되는 일
• 중요하지 않지만 먼저 해야 할 일
• 중요하지 않고 나중에 해도 되는 일

😊 이 기준을 생각하면서 다음 표를 작성해 봅시다.

	먼저 할 일	나중에 해도 되는 일
꼭 해야 할 일	학교 숙제하기	책 읽기
해도 되고 안 해도 되는 일	컴퓨터 게임 하기	학용품 사기

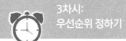

우선순위 정하기

📋 먼저 해야 하는 일이라고 생각하는 이유는 무엇인지 적어 봅시다.

오늘 안에 하지 않으면 부모님이나 선생님께 혼나기 때문에

기한이 내일까지이기 때문에

> **Tip** 학생이 할 일을 제대로 분류하는지 점검하고 지도해 준다. 학생이 중요한 일(예: 숙제하기)을 '해도 되고 안 해도 되는 일'에 표시하는 경우, 나중에 해도 되는 일(예: 청소하기)을 먼저 할 일에 표시하는 경우 올바로 분류하도록 지도해 주는 것이 필요하다.
>
> 학생이 먼저 해야 하는 중요한 일을 미루는 것에 대해 비난하지 않는다. 몰라서 못하는 게 아니라 알아도 하기 싫어서 혹은 습관이 들지 않아서 마음대로 되지 않을 때가 있다는 것을 알아준다. 하기 싫은 것을 해야 할 때, 혹은 습관이 들지 않아서 억지로 참아야 할 때 힘들다는 점을 알려 준다. 그리고 학생이 그 순간을 참고 견딜 수 있도록 지지해 준다.

📋 먼저 해야 하고 꼭 해야 하는 일을 하려고 하면 쉽게 시작할 수 있나요? 그럴 때 어떤 기분이 드나요?

쉽게 시작하기 어렵고 부담스럽다.

📋 할 일에 관한 표를 수정하여 다시 적어 봅시다.

	먼저 할 일	나중에 해도 되는 일
꼭 해야 할 일	학교 숙제 하기	책 읽기
해도 되고 안 해도 되는 일	학용품 사기	컴퓨터 게임 하기

함께 이야기해 보기

이번 시간을 통해서 우선순위 정하는 것에 대해 새로 알게 된 점이 있다면 적어 봅시다.

나는 원래 생각나는 대로 했는데, 먼저 해야 할 일과 나중에 해도 되는 일, 꼭 해야 할 일과 그렇지 않은 일을 나누는 걸 처음 배웠다.

○○는 우선순위 정하는 법을 배웠습니다. 예전에는 항상 서두르기만 하고 스트레스를 많이 받았습니다. 시간관리를 잘하고 싶었는데 마음대로 되지 않아 속상하고 하기 싫어했기 때문입니다. ○○는 빨리 변하지는 않았습니다. 우선순위 정하는 법을 배웠지만 예전과 같이 마음 내키는 대로 하기 일쑤였습니다. 또 할 일이 어서 끝나지 않으면 짜증을 내기도 합니다. 하지만 ○○는 '조금만 더' 노력해 보려고 애씁니다. 그랬더니 부모님과 선생님께 칭찬을 듣기 시작했습니다. 자신이 한 일에 대해 만족감도 느끼게 되었습니다. 예전처럼 무계획적으로 생활할 때면 칭찬을 떠올리며 노력하려 합니다. 그래서 보다 떳떳하게 놀고 뿌듯한 마음으로 잠들 수 있게 되었습니다.

참고자료

계획표 실천 여부 점검표

이번 차시의 학습 내용은 한 시간으로 다루기 어렵다. 다음에는 날마다 학생이 잘하고 있는지 점검하고 어느 정도 하고 있다는 판단이 서면 일주일에 한 번, 한 달에 한 번으로 점검하는 간격을 늘린다.

〈기 준〉

• 10점: 계획한 내용을 모두 실천했을 경우
• 8점: 대부분 실천했으나 1~2개는 하지 못했을 경우
• 6점: 3~4개를 하지 못했을 경우
• 4점: 5개 이상 실천하지 못했을 경우

10							
9							
8							
7							
6							
5							
4							
3							
2							
1							
점수 / 날짜	4월 8일						

4차시: 일과표 작성하기

🔍 차시의 특성

4차시에서는 일과표를 작성하는 것으로 시간관리 전략을 시작해 보는 것을 목표로 한다. 시간관리란 자기관리기술의 하나로, 효율적으로 일 처리를 할 수 있도록 시간을 계획, 실천, 평가 그리고 조정하는 것을 말한다. 따라서 시간관리기술을 가르치기 위해서는 시간을 계획하는 것과 이를 실천하고 점검하는 것이 회기 안에 포함되어야 한다. 이를 위해 학생에게 일과표를 작성하게 하며, 일과표를 작성할 때 고려해야 할 점과 하지 말아야 할 점에 대해 살펴보게 한다.

시간관리의 핵심 전략은 목표, 우선순위 그리고 계획이다. 가장 중요한 목표를 고르는 것이 바로 우선순위를 결정하는 것이며, 그다음 과정은 언제 어떻게 하느냐의 행동을 정하는 것인데, 이런 과정은 계획이라고 할 수 있다. 즉, 목표를 달성하기 위해 수단과 방법을 조직하는 것이다. 크든 작든 하나의 일을 제대로 이루기 위해서는 목표가 분명해야 하고 치밀한 계획이 있어야 한다. 분명한 목표는 동기를 부여하고 의욕을 불러일으킨다. 목표를 분명히 하지 않으면 계획은 형식적인 일로 전락하게 된다. 시간관리의 핵심 전략인 목표 설정, 우선순위 결정, 계획 수립은 시간관리뿐만 아니라 인생을 성공적으로 살기 위해서 반드시 필요한 전략이다.

학습목표	■ 우선순위를 고려한 일과표를 작성할 수 있다.
	■ 효과적인 시간관리를 위한 유의 사항을 알고 적용할 수 있다.

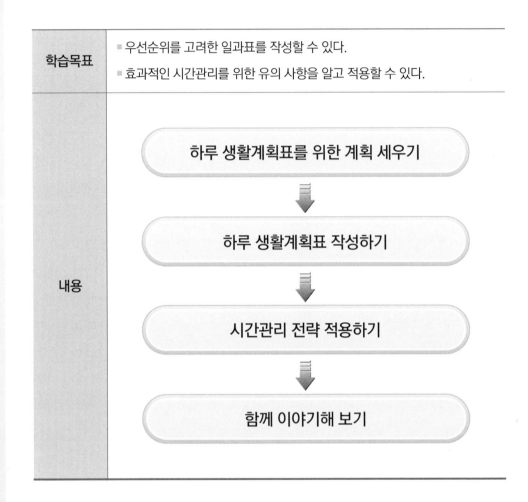

하루 생활계획표를 위한 계획 세우기

⬇

하루 생활계획표 작성하기

⬇

시간관리 전략 적용하기

⬇

함께 이야기해 보기

내용

| 4차시: 일과표 작성하기 | 하루 생활계획표를 위한 계획 세우기 |

Tip 자신의 반복되는 일과를 작성하고 할 일을 계획해 보는 첫 번째 활동이다. 현재를 최대한 많이 반영해서 쓰게 한다.

📋 다음 빈칸을 활용하여 나의 반복되는 하루 일과를 간단히 적어 봅시다.

나는 7 시 30 분에 일어나 8 시 20 분까지 학교에 가고 2 시 30 분에 집에 돌아옵니다. 학원이나 과외는 3 시 30 분부터 시작해서 5 시 30분에 마칩니다. 저녁은 7 시에 먹고 보통 10 시 30 분에 자러 갑니다.

📋 지난 시간에 배운 것을 생각해 봅시다. 그리고 오늘 할 일을 우선순위표에 작성해 봅시다.

	먼저 할 일	나중에 해도 되는 일
꼭 해야 할 일	수학 숙제	방 청소하기
해도 되고 안 해도 되는 일	TV 보기	컴퓨터 게임

📋 오늘 일과 중 할 일을 언제 할지 생각해 봅시다. 어떻게 계획을 세우는 게 좋을지 적어 봅시다.

수학 숙제: 3시

컴퓨터 게임: 7시 30분

TV 보기: 8시 30분

방 청소하기: 9시 30분

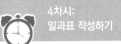

하루 생활계획표 작성하기

Tip 이 활동의 목표는 자신의 하루 생활계획표를 작성함으로써 시간관리의 현 상황을 파악하고 문제점을 수정하는 것이다.

생활계획표에 나의 일과를 적어 봅시다. 먼저, 반복되는 일과를 표시합니다. 남는 시간을 형광펜으로 색칠합니다. 그리고 할 일을 우선순위에 따라 배열해 봅니다.

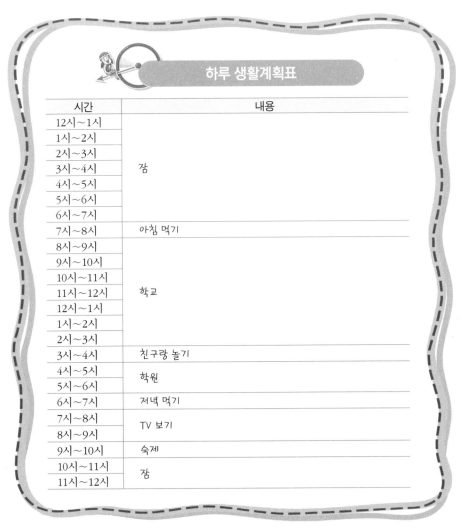

하루 생활계획표

시간	내용
12시~1시	
1시~2시	
2시~3시	
3시~4시	잠
4시~5시	
5시~6시	
6시~7시	
7시~8시	아침 먹기
8시~9시	
9시~10시	
10시~11시	
11시~12시	학교
12시~1시	
1시~2시	
2시~3시	
3시~4시	친구랑 놀기
4시~5시	학원
5시~6시	
6시~7시	저녁 먹기
7시~8시	TV 보기
8시~9시	
9시~10시	숙제
10시~11시	잠
11시~12시	

내가 세운 계획에서 마음에 드는 부분은 무엇이고 고치고 싶은 부분은 무엇인지 생각해 봅시다.

마음에 드는 점	고치고 싶은 점
현실적이다.	학교 숙제를 할 시간이 없다.
	TV를 보다가 숙제 안 하고 잔다.

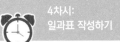

4차시:
일과표 작성하기

시간관리 전략 적용하기

Tip 시간관리를 할 때 어떤 점을 유의하면 좋을지 떠올려 보게 한다. 그리고 시간 계획을 수정할 때 이를 반영하도록 도와준다.

📋 효과적으로 시간관리를 하려면 어떤 것을 지켜야 할지 적어 봅시다.

중요한 것을 먼저 하고 안 중요한 것을 나중에 계획한다.

현실적으로 계획한다.

📋 지우의 하루를 읽고 물음에 답해 봅시다.

오늘은 날씨가 너무 더워서 학교에서 단축수업을 했다. 원래 학교에서 2시 30분에 마치는데 오늘은 1시 30분에 마쳤다. 학교를 마치면 태권도장에 갈 건데 3시에 가서 4시에 마친다. 그런 다음에는 수학학원에 갈 건데 4시 반에 가서 6시에 마친다. 평소에는 저녁을 7시에 먹는데 오늘은 아빠가 늦게 오신다고 8시 반에 먹는다고 한다.

😊 지우의 경우에는 시간 계획을 어떻게 고쳐야 하는지 생각해 봅시다.

원래 학교를 마치고 태권도장에 바로 갔다면 오늘은 한 시간 동안 학교 숙제를 하고 갈 수 있다. 저녁을 늦게 먹으니 그동안 학원 숙제를 할 수 있다.

38 ❖ 자원관리전략 기르기

함께 이야기해 보기

📋 시간계획을 지키기 힘들 때는 어떻게 하면 좋을지 적어 봅시다.

다음에 언제 할지 정해 둔다.
계획대로 할 수 있는 만큼은 해 둔다.

📋 시간계획을 어겼을 경우 아침에 거울을 보면서 나에게 말한다고 생각하고 위의
전략을 큰 소리로 읽어 봅시다.

참고자료

일주일 계획 세우기

Tip 일주일 시간계획을 세우는 활동을 한다. 이 활동의 초점은 계획 세우기뿐만 아니라 이를 실행하는 것이다. 따라서 교사는 학생이 계획한 것을 실천하도록 매일 확인란에 도장을 찍으며 관리하고 촉진해 준다.

■ 이번 한 주 동안 나는 어떤 일을 해야 하나요?

_____

_____

■ 일주일 동안 생활하면서 꼭 이루고 싶은 것은 무엇인가요?(일주일의 목표를 생각해 봅시다.

_____

_____

■ 다음 일정표에 언제 그 일을 할지 적어 봅시다. 계획한 대로 실천했는지 매일 선생님의 확인을 받읍시다.

요일	월	화	수	목	금	토	일
할 일							
확인란							
일주일 목표							

■ 일주일 동안 계획을 실천하면서 어떤 점을 느꼈나요?

_____

_____

5차시: 학습공간관리

🔍 차시의 특성

학습 공간의 관리는 주의 집중 측면에서 매우 중요하다. 주의 집중이란, 의식적인 노력 없이 외부 자극에 자연스럽게 반응하는 수동적 의미로서의 '주의'와 과제 수행 및 문제해결과 같은 보다 능동적인 의미로서의 '집중'을 포함하는 개념이다. 여기에서 주의라는 용어는 세 부분으로 설명할 수 있다. 첫째, 집중과 집중의 분산으로서의 주의다. 이는 어떤 특정한 대상에 초점을 맞추고 또 다른 대상으로 그 초점을 옮길 수 있는 능력을 의미한다. 둘째, 정신적 자원의 효율적 분산으로서의 주의다. 이는 동시에 발생하는 대상에 주의를 배분하는 능력을 의미한다. 셋째, 자극에 대한 경계를 유지하는 능력을 말한다. 따라서 이러한 의미의 주의와 전술한 능동적인 의미로서의 집중을 혼합한 개념인 주의 집중력이란 결국 정신적 자원을 효율적으로 분산시켜 초점을 맞춰야 할 대상에 관심을 기울이며 이를 위해 경계성과 준비성을 갖추고 있는 능력을 의미한다. 집중력은 개인의 의지에 의해 능동적이고 선택적인 과정이므로 주의 집중력을 키우기 위해서는 학생으로 하여금 자신이 어떤 자료를 선택하여 집중해야 하는지 알 수 있도록 도와야 한다.

이를 위해 5차시에서는 학습장애 학생이 정신적 자원을 효율적으로 사용하지 못하게 주의를 분산시키는 환경 요소를 파악하고 이를 제거하게 하는 활동 등을 포함했다. 현재 학생의 주의 집중을 분산시키거나 방해하는 요소들이 무엇인지 파악하고, 이를 기반으로 주의 집중력을 향상시키기 위해 취해야 할 방안을 이끌어 내도록 구성하였다.

| 학습목표 | ■ 학습공간관리가 무엇인지 말할 수 있다. |
| | ■ 나만의 학습공간을 설계할 수 있다. |

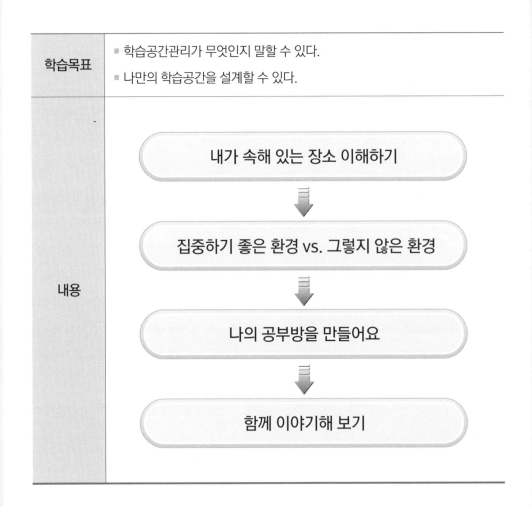

내가 속해 있는 장소 이해하기

⇩

집중하기 좋은 환경 vs. 그렇지 않은 환경

⇩

나의 공부방을 만들어요

⇩

함께 이야기해 보기

내용

내가 속해 있는 장소 이해하기

Tip 운동장, 교실, 집 등 학생들이 가장 많은 시간을 보낼 만한 대표적인 장소에 대한 느낌과 그곳에서 하는 행동을 적는 활동이다. 그 밖에 개별 학생에게 맞는 다른 장소가 있을 경우 추가한다.

📋 다음 그림을 보고 빈칸을 채워 봅시다.

장소	느낌	행동
	탁 트인 느낌 놀고 싶다.	뛰어 논다. 축구를 한다. 달린다. 친구들과 술래잡기를 한다.
	밝은 느낌 차분한 느낌 정돈된 느낌	공부에 집중한다. 수업을 듣는다. 선생님 말씀을 듣는다. 아이들과 이야기를 한다.
	깨끗한 느낌 밝은 느낌 편안한 느낌	밥을 먹는다. 차를 마신다. 가족과 이야기를 한다.

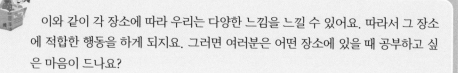

이와 같이 각 장소에 따라 우리는 다양한 느낌을 느낄 수 있어요. 따라서 그 장소에 적합한 행동을 하게 되지요. 그러면 여러분은 어떤 장소에 있을 때 공부하고 싶은 마음이 드나요?

| | 5차시:
학습공간관리 | 집중하기 좋은 환경 vs. 그렇지 않은 환경 |

Tip 정리된 방과 그렇지 않은 방을 비교하며 집중하기 좋은 환경에 대해 생각해 본다.

📋 다음 그림을 보고 각 방의 상태를 점검해 봅시다.

그림						
	좋음	보통	나쁨	좋음	보통	나쁨
조명		O			O	
의자			O		O	
책상			O	O		
정리정돈			O	O		
전체 평가	이 방은 책상 위와 책꽂이에 많은 책과 물컵이 널려 있다. 즉, 정리정돈이 잘 되어 있지 않아 집중해서 공부하기에 부적합한 환경이다.			이 방은 정리정돈이 잘 되어 있다. 책상도 깔끔하고, 책상 위에 스탠드도 있어서 눈이 나빠질 염려도 없다. 집중해서 공부하기에 적합한 환경이다.		

공부가 잘 되는 방은 어떤 모습일까요? 공부가 잘 되려면 조명이 밝고, 책상의 높이가 나에게 적합하며, 의자는 앉았을 때 편안해야 합니다. 책상 주위에 쓸데없는 사진이나 그림을 붙이면 주의가 산만해질 수 있어요. 공부를 하고 난 후 쓰고 난 물건은 제자리에 두어 공부하는 곳이 항상 잘 정리정돈이 되어 있는 것이 좋습니다.

 **5차시:**
학습공간관리

나의 공부방을 만들어요

 Tip 앞에서 마련한 기준에 따라 공부하기 좋은 환경으로 자신의 공부방을 자유롭게 그려 보게 한다.

앞에서 살펴본 것처럼 내가 공부하기 좋은 환경을 그려 봅시다.

5차시:
학습공간관리

함께 이야기해 보기

📋 공부하기 좋은 환경을 꾸미면서 어떤 생각이 들었나요?

> 정리정돈이 잘 된 방과 조명이 밝은 방이 공부방으로 적합하다는 생각이
> 들었다.

📋 여러분은 공부하기 좋은 환경이 어떤지를 알게 되었어요. 그럼, 이제 내가 학습
공간을 공부하기 좋게 유지하려면 어떤 노력이 필요할까요?

> 1. 정리정돈 잘하기
> 2. 읽고 싶은 책은 책장에 꽂기
> 3. 공부에 방해되는 것은 치우기

> 네가 공부하기 어려워하는 이유는, 집중력
> 이 약해서가 아니라 공부 장소 때문일 수 있어.
> 시끄럽고, 정리정돈이 되어 있지 않은 곳에
> 서는 공부를 잘할 수 없기 때문이야.
> 네가 지금까지 공부하기 힘든 환경에서 공
> 부해 오진 않았니?
> 오늘부터라도 조금씩 집중을 잘할 수 있는
> 환경을 직접 만들어 봐!

블록 쌓기 게임

※ 준비물: 서로 크기가 다른 상자나 블록들

① 게임 설명하기: 크기가 서로 다른 상자나 블록들을 위로 쌓아 올리도록 지도한다.
② 소감 나누기: 활동이 끝난 이후에 학생의 느낌을 말해 보도록 하고, 그에 대해 함께
   이야기를 나누어 본다.

※ 이 활동은 상자나 블록들의 크기를 가늠하여 잘 정돈하여 쌓을 때 높이 쌓을 수 있
   음을 학생이 인식함으로써 질서 정연하게 정돈하는 것의 중요성을 인식하게 하는
   데 목적이 있다.

6차시: 친구들과 함께하기 1

차시의 특성

6차시의 목표는 학습할 때 주변으로부터 적절한 도움을 요청하는 방법을 알아보고 연습하는 것에 있다. 사람들이 어떤 문제에 처했을 때 그에 대해서 주변 사람들의 도움을 요청하는 것은 자연스럽고 건강한 반응이다. 누구라도 어려움에 빠지게 되면 다른 사람들에게 도움을 받음으로써 문제가 가벼워지고 문제로부터 빠져나올 수 있다는 것을 알고 있다. 이것은 다른 사람들이 나의 문제에 대해서 나를 도와줄 것이고, 나에게 친절을 베풀 것이라는 긍정적인 믿음에서 출발한다.

학습부진으로 고민하는 학생들은 이러한 긍정적인 믿음이 깨져 있는 경우가 많은 편이다. 또는 자신이 학습의 어려움을 겪을 때 도움을 요청하는 것이 필요하다는 사실조차 모르고 있는 학생들이 많다. 어려울 때 도움을 요청하는 것이 자연스러운 일임에도 그런 행동이 필요하다는 사실을 잘 모르는 학생, 또 도움을 요청해 본 적이 많지 않아서 기술적으로 서툰 학생, 혹은 도움을 요청했을 때 적절한 도움을 받기보다는 거절이나 부정적인 피드백을 듣다 보니 도움을 요청하는 것에 대해 거부감을 가진 학생도 있을 것이다.

따라서 학습문제로 다른 이들의 도움을 구할 때 학생이 개인적으로 느끼는 어려움과 걱정이 무엇인지를 알아내고 그에 맞게 도움을 요청하는 전략을 배워서 연습하는 과정은 학생 스스로가 학습에 대한 무력감을 이겨 내고 주위의 적절한 자원을 자기 것으로 활용하는 데 힘이 될 것이다.

학습목표	■ 도움을 요청할 때 겪는 어려움을 말할 수 있다.
	■ 도움을 요청하는 적절한 방법을 말할 수 있다.

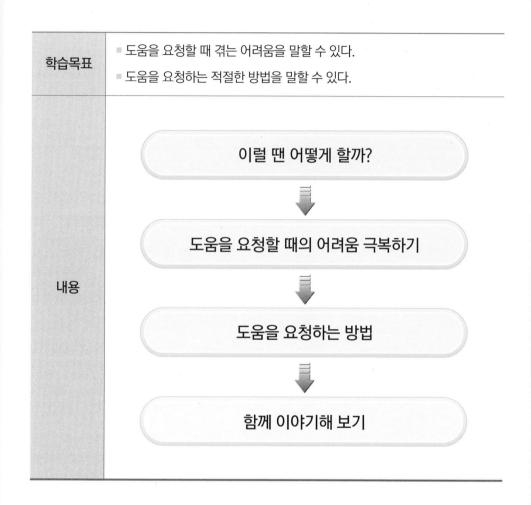

이럴 땐 어떻게 할까?

⬇

도움을 요청할 때의 어려움 극복하기

⬇

도움을 요청하는 방법

⬇

함께 이야기해 보기

내용

 이럴 땐 어떻게 할까?

 다음 글을 읽고 물음에 답하여 봅시다.

> **Tip** 누구나 해결하지 못하는 문제를 경험하는 것은 자연스러운 일이다. 중요한 것은 해결하지 못하는 문제를 만났을 때 적절한 도움을 받는 것이 중요하다는 걸 인식하는 일이다.

선우는 아버지께서 주신 새로운 장난감을 맞춰 보고 있습니다. 그런데 처음 맞춰 보는 장난감이라서 그런지 조립하는 데 어려움을 겪고 있습니다.

☺ 선우는 지금 어떤 기분이 들까요?

어렵고 힘들다, 짜증난다.

☺ 선우가 장난감 조립을 무사히 마치려면 어떻게 하는 것이 좋을까요?

부모님의 도움을 받는다, 설계도를 본다.

☺ 선우가 장난감 조립을 빠르고 성공적으로 마치기 위해서 필요한 아이템을 모두 골라 ○표시를 해 봅시다.

〈보기〉

도움을 요청할 때의 어려움 극복하기

📋 공부를 하던 미희가 어려움을 겪고 있습니다. 미희가 도움을 받으려 할 때 느끼는 어려움을 알아봅시다.

😊 풀기 어려운 문제를 엄마께 물어보았을 때 엄마께서 "그것도 모르니?"라고 말씀하시면 나의 마음과 생각은 어떨까요?

내 마음은?	내 생각은?
창피하고 화가 난다.	다시는 엄마에게 물어보지 않을 것이다.

😊 엄마께서 친절하게 가르쳐 주신다면 어떨까요?

내 마음은?	내 생각은?
기분이 좋고 편하다.	모르는 것은 엄마에게 물어보겠다.

📋 다음 글을 읽고 생각해 봅시다.

> 모르는 것이 있을 때 책을 찾아보거나 잘 아는 친구나 부모님, 선생님에게 물어보는 것은 자연스러운 일입니다. 하지만 나의 생각과 달리 좋지 않은 이야기-"너는 그것도 모르니?" "그것도 질문이라고 하니?"-를 많이 듣다 보면 내가 못난 아이처럼 느껴져서 질문하는 것이 싫어지기 시작합니다.
>
> 모르는 것을 물어보는 것은 아주 중요한 일이지만, 이렇게 좋지 않은 이야기를 반복적으로 듣게 되면 누구라도 질문하기가 싫어지고 두려워지는 것이 당연합니다. 그럴 때는 '아! 내가 물어보는 것이 나에게는 부끄럽고 창피한 일, 내가 못난 아이처럼 느껴지는 일이구나. 그래서 몰라도 물어보지 않고 있는 거구나.'라고 생각하면 좋을 것입니다. 그럴 때는 물어보려고 노력하기보다는 물어보는 것이 싫은 나의 마음을 잘 알아주는 것이 필요합니다.
>
> "그래, 나에게는 물어보는 것이 부끄럽고 겁나는 일이구나. 하지만 물어보는 것은 원래 나를 위해서 좋은 일이야. 내가 문제를 빨리 해결할 수 있고 배울 수 있는 좋은 방법이야."

😊 물어보는 것이 부끄러운 이유는 무엇일까요?

좋지 않은 이야기를 들어서

😊 물어보는 것이 부끄러울 때 어떻게 하면 나의 마음이 편안해질까요?

물어보는 것은 나를 위해서 좋은 일이다.

📋 다음 글에 나의 이름을 넣어 소리 내어 읽어 봅시다.

> ○○아! 잘 모르는 것은 부끄러운 일은 아니야. 다만, 네가 물어볼 때 좋지 않은 이야기를 들었을 뿐이란다. 모르는 것이 있을 때 내가 너를 친절하게 도와줄게. 모를 때는 물어보면 돼. 네가 모를 때마다 내가 너를 도와줄게.

도움을 요청하는 방법

친구들에게 도와 달라고 요청하는 것이 중요한가요? 중요하다면 그 이유는 무엇 인가요?

Tip 도움을 요청할 때는 태도가 중요하다. 나를 낮추지 않으면서도 상대방을 존중하는 태도로 도움을 요청하게 되면 대부분은 흔쾌히 도움을 준다. 이러한 기술을 모르고 도움을 구하게 되면 상대로 부터 거절을 당할 가능성이 높다는 것을 이해시키고 연습시키는 것이 초점이다.

문제를 빠르게 해결할 수 있다.

다른 사람의 실력을 인정해 주는 것이니까 다른 사람이 좋아한다.

다른 사람의 도움이 없으면 살아가기 힘들고 불편할 때가 자주 있습니다. 혼자서 는 힘들고 어렵게 하는 일도 다른 사람의 도움을 받으면 가볍고 쉽게 할 수 있습니다.

Tip 도움을 요청할 때는 공손하지만 분명하게 요청하는 태도가 필요하다. 도와주면 좋고, 아니면 말 고 식의 태도는 상대로 하여금 혼란감을 준다. 도움을 받을 때 내가 필요한 도움이 무엇인지를 정 확하게 이야기해 주는 것이 필요하다.

친구에게 도움을 요청할 때의 방법을 알아봅시다.

- 눈을 바라보며 정중한 태도로 말하기
- 상대방에게 분명하게, 직접적으로 자신이 원하는 것을 말하기
- 요청을 받아들여 준다면 감사의 표현하기

참고자료

도움 추구 행동을 방해하는 요소

수치심은 자기 개방 또는 자기 은폐와 관련된 중요한 정서로 알려져 있다. 수치심이 강할수록 자기를 개방하여 도움을 요청하는 것을 어렵게 느낀다. 특히 어려움에 처한 학생의 입장에서는 학습에 대한 적절한 도움을 받는 것이 매우 중요함에도 적절한 도움을 얻지 못하는 가장 큰 이유는 공부를 잘하지 못하거나, 무언가 문제를 해결하지 못하고 있는 자기 자신에 대한 수치심 때문이다. 수치심은 자신의 행동에 관한 감정이기보다는 자신의 존재 자체에 대한 정서에 해당한다. 수치심이 높은 학생들은 자기 전체가 부정되기 때문에 다른 사람의 눈으로부터 도망치고 싶어 하고, 숨고 싶어 한다. 수치심이 높은 경우에는 다른 사람이 뭐라고 하지 않음에도 자기 스스로 자신에 대해서 수치스럽고 부끄러운 감정을 갖게 되어서 자신의 부족한 점에 대해서 비판적인 반응을 보이게 된다.

사실 학습에 대해서 부족한 부분은 자기 자신과는 아무런 연관이 없다. 그럼에도 학습부진 학생들은 자신의 공부 실력이 곧 자기 자신이라는 내적 도식을 가지고 있다. 즉, '공부를 잘 못하는 나는 쓸모없고 부끄러운 사람'이라는 내적 사고 체계를 가지고 있는 것이다. 공부를 못한다고 해서 존재 자체가 쓸모없거나 부끄럽지 않음에도 이러한 내적 도식을 가지고 있으면 도움을 요청하는 것이 무척 두렵고 힘든 일이 되어 버린다. 학습에 대한 부족함 정도가 아니라, 쓸모없는 자기 모습을 보여야 한다고 느끼기 때문이다. 따라서 학습부진 학생에게 이러한 내적 도식이 있는지 교사와 상담자는 유심히 살펴볼 필요가 있다. 그리고 이러한 도식 때문에 도움 요청 자체를 거부하는 학생이 있는지를 살펴보아야 한다.

내적인 저항감이 없는 경우는 도움을 요청하는 방법을 잘 모를 수 있다. 이럴 때는 기능적으로 도움을 요청하는 방법을 연습시키는 것이 효과적이다. 교사와 함께 안전한 상황에서 도움을 요청하는 연습을 여러 번 반복하다 보면, 자연스럽게 도움을 요청하는 것이 몸에 익숙해지게 된다. 따라서 도움 요청에 저항감이 없는 학생의 경우에는 감정을 다루어 주기보다는 지속적인 연습을 통해서 도움 요청에 익숙해지도록 하는 것이 중요하다.

6차시:
친구들과 함께하기 1

함께 이야기해 보기

오늘(또는 어제) 공부와 관련해서 도움을 요청하고 싶었던 적이 있었는지 떠올려
보세요. 있었다면, 누구에게 요청하고 싶나요? 뭐라고 이야기하면 좋을지 적어
봅시다.

7차시: 친구들과 함께하기 2

차시의 특성

7차시는 도움을 요청할 때 일어날 수 있는 상황에 대해서 예상해 보고 연습하는 활동으로 구성되어 있다. 도움을 요청한다고 해서 반드시 자신이 원하는 긍정적인 반응을 얻는 것은 아니다. 따라서 도움을 요청한 후에 상대방이 나에게 어떤 반응을 보이는지를 잘 관찰해 보고 그에 적절하게 반응하는 연습이 필요하다. 이렇게 상대방의 반응을 미리 예상해 보고 그에 대한 적절한 반응을 탐색하는 활동을 하다 보면 도움을 요청하는 것에 익숙하지 않았던 학생도 차츰 익숙해지게 된다.

실제 도움 요청과 같은 활동은 필요성에 대한 이해만큼 연습을 통해서 습관화하는 것이 필요하다. 적절한 방법으로 도움을 요청해 보았을 때 자신이 느끼는 감정과 정서를 탐색해 보고, 또 상대방에 나에게 도움을 요청할 때 자신은 어떤 느낌이 드는지 알아보는 과정을 통해서 도움 요청을 위한 기술적인 방법을 탐색할 수 있게 된다.

이번 차시는 특히 이러한 전략을 익히기 위해서 간단한 역할극을 활용하도록 설계되었다. 역할극은 학생들에게 익숙하지 않거나 실제 장면에서 하기에는 부담과 어려움이 따르는 것을 안전한 상담 장면에서 미리 연습해 보는 것이다. 이러한 역할극을 통해서 자신이 선택한 도움 추구라는 새로운 활동이 어떤 느낌을 주는 것인지, 어떻게 하면 조금 더 효과적으로 도움을 요청할 수 있는지 탐색해 볼 수 있다. 중요한 것은 학생들이 이러한 과정을 최대한 편하고 즐겁게 연습해 보는 과정을 통해서 사람들의 도움을 얻는 적절한 방식을 체험을 통해 얻도록 하는 데 있다.

| 학습목표 | ■ 도움 요청하는 방법에 따라 도움을 요청할 수 있다. |
| | ■ 상대의 반응에 적절하게 행동할 수 있다. |

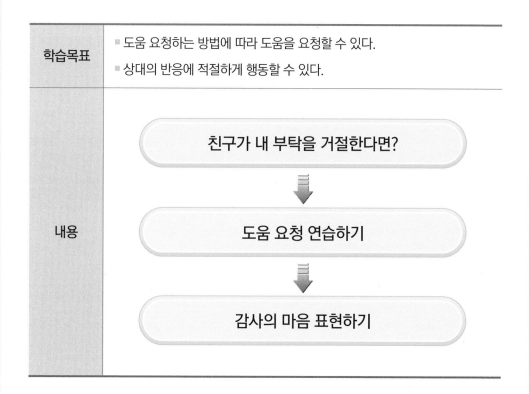

내용	친구가 내 부탁을 거절한다면?
	↓
	도움 요청 연습하기
	↓
	감사의 마음 표현하기

7차시:
친구들과 함께하기 2

친구가 내 부탁을 거절한다면?

내가 친구에게 도움을 요청했을 때, 친구가 항상 도와주는 것은 아닙니다. 때로는 친구가 나의 부탁을 거절하기도 합니다. 그럴 때 내 마음은 어떠한가요? 어떤 감정이 드나요? 어떤 생각이 드나요?

> **Tip** 친구의 거절에 대해서 지나치게 자기 탓을 하거나 심한 부끄러움을 보이는 반응을 하는 경우, 혹은 크게 화를 내는 경우는 거절에 대한 정서적인 이슈가 크다는 것을 암시한다. 이런 경우에는 도움 추구 연습보다는 관계에서 거절당하는 것에 대한 학생의 감정을 탐색하고 알아주는 것이 우선되어야 한다.

내 마음은?	내 감정은?	내 생각은?
부끄럽다.	싫다, 속상하다.	다시는 도와 달라고 하지 않을 거야.

친구가 내 부탁을 거절하면 어떻게 행동하나요? 그렇게 행동하는 나를 보면 어떤 생각이 드나요? 만약 다른 방식으로 행동한다면 어떻게 행동하고 싶은가요?

내 행동	내 생각	하고 싶은 행동
부끄러워서 도망친다.	그래도 잘 견뎠으면 좋겠다.	조금만 힘들어하되, 다른 방법을 찾아보고 싶다.

친구가 나의 부탁을 거절할 때는 이렇게 합시다.
- 내 마음을 표현한다(아쉬움, 실망, 섭섭함, 막막함).
- 부탁을 거절하는 상대방의 입장을 이해한다는 마음을 표현한다.

Tip 도움 요청을 했을 때 거절당하는 것이 '자신'이라는 존재를 거절하는 것이 아님을 이해하는 것이 중요하다. 그래야 피하거나 화를 내지 않고 자기 마음을 적절하게 표현할 수 있고, 다른 대안 행동을 찾을 수 있다.

☺ 공부하다 모르는 내용을 친구에게 물어보았는데 친구가 싫다고 말한다면 다음과 같이 말할 수 있습니다.

네가 이 문제를 알려 주지 못한다니 마음이 좋지 않다. 네가 그 문제에 대해서 잘 알고 있을 거라고 생각했고 너에게 물어보면 잘 알려 줄 거라고 생각했는데 그렇게 하지 않으니까 내 기분이 속상해. 하지만 네가 꼭 대답해 줘야 하는 것은 아니니까 그런 너의 마음도 이해해.

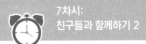 7차시:
친구들과 함께하기 2

도움 요청 연습하기

📋 친구에게 도움을 요청하는 행동을 연습해 봅시다. 다음 상황에서 어떻게 말하고 행동해야 할까요? 선생님이 하는 모습을 잘 관찰해 봅시다.

Tip 역할극에서 중요한 것은 직접적인 체험을 해 볼 수 있다는 점이다. 교사와 상담자가 상대가 되어서 연습해 보는 활동은 학생들에게 활동에 몰입할 수 있는 기회를 준다.

 오늘 내가 과학실 청소 담당이어서 점심시간에 청소를 해야 한다. 그런데 할머니 생신이라 시골에 내려가야 해서 점심시간에 조퇴를 하게 되었다. 짝꿍에게 청소 날짜를 바꿔 달라고 부탁하고 싶다.
어떻게 해야 할까?

친구야, 오늘 할머니 생신이라 나 먼저 가야 하는데, 네가 청소를 바꿔줄 수 있을까?
그렇게 해 준다면 정말 고맙겠다.

😊 이러한 상황에 대해 선생님이 말하고 행동한 것을 그대로 따라 해 봅시다.

다음에 제시되는 상황들은 평소에 내가 친구에게 도움을 요청하는 경우들입니다. 이때 내가 어떻게 말하고 행동해야 하는지 생각하여 적어 봅시다.

[상황 1] 선생님이 오늘 만들기 준비물로 신문지와 잡지를 가져오라고 하셨는데 가져오지 못했다. 짝꿍에게 함께 쓰자고 말하고 싶다. 어떻게 해야 할까?

친구야! 미안한데 준비물을 같이 쓸 수 있을까? 내가 깜빡하고 놓고 왔네.

[상황 2] 수업 시간 도중에 화장실이 급해서 다녀왔는데, 선생님이 그동안 알림장을 써 주셨다고 한다. 그래서 친구에게 물어봐야 한다. 어떻게 해야 할까?

친구야! 부탁이 있는데 알림장 좀 보여 줄래?

[상황 3] 수업 시간에 선생님이 풀어 주신 수학 문제를 이해하지 못했다. 짝꿍은 그 문제를 잘 풀었다. 짝꿍에게 물어보고 싶은데, 어떻게 해야 할까?

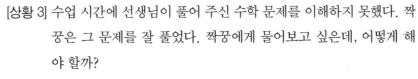

친구야! 이 문제가 잘 이해되지 않는데, 좀 알려 줄 수 있니?

감사의 마음 표현하기

📋 내가 부탁을 했을 때 친구가 도와주면 어떤 기분이 드나요? 어떻게 행동하나요?

기분
고맙고 즐겁다.

행동
'고맙다'고 말한다.

📋 친구가 내 부탁을 들어줄 때 어떻게 행동하면 좋을까요?

고마움을 말로 표현한다.

도움을 잘 받는다.

 Tip 고맙다고 말로 표현하는 것만큼 기꺼이 도움을 받는 것도 중요한 능력이다. 도움을 받을 때 당당하되 예의 바르게 도움 받는 기술은 도움을 주는 사람에게 그 자체로 기분 좋은 피드백이 된다.

친구가 내 부탁을 들어주었을 때 내 마음속에 떠오르는 생각과 마음을 표현하는 것이 가장 좋습니다.

친구에게 감사의 마음을 전달할 때는 이렇게 해 봅시다.
- 친구가 내 부탁을 들어준 것에 대한 감사함을 표현한다.
- 친구 덕분에 내가 어떤 점이 좋아졌는지 말한다.
- 친구를 칭찬해 주거나 자신이 좋아진 것이 친구 덕분임을 말한다.
- 다시 한 번 감사한 마음을 전한다.

네가 오늘 만들기 준비물을 빌려 주어서 너무 고마워. 아까는 준비물이 없어서 한 시간 내내 그냥 앉아 있게 될까 봐 걱정되었는데, 네 덕분에 만들기 시간을 잘 보낼 수 있게 되어서 너무 기뻐. 다 네 덕분이야. 고마워!

역할극 연습하기

역할극이란 어떤 상황을 가정하고 그러한 상황에서 일어날 수 있는 대화를 생각해 보고 실제로 연습해 보는 것이다. 이러한 활동은 학습자로 하여금 가상의 역할을 하게 하고 그러한 역할을 통해서 주어진 상황에서 원하는 목표를 이루어 보는 것을 말한다. 이러한 역할을 하는 과정에서 즉흥적이고 창조적인 행동을 하게 된다. 실제 역할극을 통해서 상황이나 역할에 대한 이해가 깊어지게 되고, 단순히 말로 하는 것보다 자신의 몸과 행동을 통해서 이루어지는 활동을 통해서 목표로 했던 활동이 내면화되는 효과를 나타내게 된다.

성공적인 역할극의 특징은 분명한 목표와 역할이 주어지는 반면에 형식 면에서는 자유롭다는 점이다. 몇 가지 간단한 상황을 만들어서 시작하기는 하지만, 역할극을 해 나가는 과정을 통해서 어떻게 자기 생각을 전달하는 것이 자신도 만족스럽고 상대방도 만족스럽게 할 수 있는지 실험의 과정을 통해서 확인해 볼 수 있게 되는 것이다. 따라서 이러한 즉흥적이고 표현하는 활동 자체가 학생에게는 자신감을 갖게 해 주는 계기가 된다. 교사는 학생들이 자유롭게 반응하고 표현할 수 있도록 유도하면서 학생들이 그 과정에서 도움 추구 행동을 연습해 보도록 격려해야 한다.

역할극은 특히 수줍음이나 부끄러움이 많아서 적절한 도움 요청에 어려움을 겪고 있는 학생에게 효과적인 방법이 될 것이다. 평상시 자기표현에 자신이 없거나 두려움이 많은 학생들의 경우에는 이러한 어려움을 겪을 수 있기 때문이다. 따라서 상담자와 교사와의 일대일 관계 속에서 안전함을 경험하면서 진행되는 역할극은 학생이 새로운 행동을 효과적으로 배워 가는 계기가 될 것이다.

8차시: 학습을 위한 건강관리

차시의 특성

8차시의 목표는 학생이 학습을 위해 적절하게 건강을 관리하는 것이다. 학업 증진을 위해서는 학습을 위한 건강관리도 필수적이다. 따라서 이번 차시에서는 학생들이 건강관리의 중요성을 알고 건강관리를 하는 방법에 대하여 간단히 소개하고자 한다. 학생의 영양관리와 건강한 체력관리를 도와 학습 능률을 높임으로써 학습부진을 극복하거나 학습활동을 촉진할 수 있는 방법에 대하여 제시해 보고자 한다.

우리나라의 특수한 상황으로 인해 학생들은 초등학생 때부터 상급학교 진학에 대하여 많은 스트레스를 받게 된다. 학생들에게 건강은 매우 중요한 부분이다. 신체와 뇌의 대사과정에 영양이 충분히 공급되어야 학습능률이 오르는데, 우리 학생들은 실생활에서 영양관리를 제대로 실천하지 못하는 경우가 많다. 특히 성장기에 있는 초등학생들은 부모님이 챙겨 주지 못할 경우 식욕을 잃거나 불규칙한 식사를 할 가능성이 있다. 정신 활동은 뇌라는 인체기관에 의해 좌우되는데, 뇌는 영양소로 구성되고 작동하므로 적절한 영양 공급 없이 공부를 잘하도록 기대할 수는 없다.

운동을 해서 근육을 자꾸 사용하면 계속해서 근육이 발달하듯이, 두뇌도 활동과 훈련을 잘 시키면 좋아질 수 있다. 이렇게 두뇌가 활성화되려면 균형 잡힌 영양을 섭취하고 스트레칭을 해서 잘 사용하지 않는 근육을 사용해야 한다. 균형 잡힌 식사를 하면 신체가 건강해지고 우리의 뇌세포도 활발한 사고 활동을 할 수 있다. 뇌세포가 활발하게 활동하면 학습 효과도 극대화되어 학업성취도가 증가될 수 있다. 성장함에 따라 뇌와 신경의 발달에 필요한 세포 성분으로 가장 기초가 되는 것은 단백질이다. 단백질은 근육을 비롯하여 피질, 내장 등 여러 가지 체세포의 생성에 필수적이다. 특히 뇌와 신경세포의 생성에 대량으로 쓰인다. 이렇게 두뇌를 많이 써서 공부하는 학생의 경우에 균형 잡힌 영양 섭취는 학업성적을 높이는 데 필수적이며 그중에서도 특히 두뇌 발달 및 신체 구성의 기본이 되는 단백질을 충분하게 섭취하는 것이 좋다. 그리고 비타민 A, 비타민 C, 비타민 E, 칼슘, 섬유소, 레시틴 등을 먹으면 두뇌 기능이 활성화되고 뇌세포의 노화가 방지되므로 충분히 섭취하도록 한다. 그러나 카페인이 들어 있는 음식물은 잠시의 각성 효과는 있으나 장기적인 관점에서는 부작용이 크다. 카페인은 장기 복용 시에 초등학생에게 신경과민, 신경질 등의 행동 양상을 불러일으킬 수 있으므로 조심하도록 한다.

이 차시에서는 학생이 건강관리의 중요성에 대하여 인식하고 건강관리를 위해 먹으면 좋은 음식을 소개한다. 또한, 건강한 신체를 위하여 손쉽게 할 수 있는 가벼운 운동을 소개하며, 참고자료에서는 학생의 건강관리를 돕기 위하여 스트레스를 경감시킬 수 있는 호흡법을 소개한다.

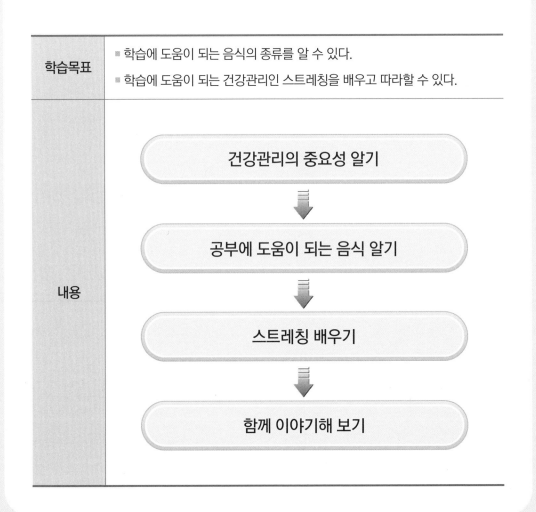

학습목표	■ 학습에 도움이 되는 음식의 종류를 알 수 있다. ■ 학습에 도움이 되는 건강관리인 스트레칭을 배우고 따라할 수 있다.
내용	**건강관리의 중요성 알기** ↓ **공부에 도움이 되는 음식 알기** ↓ **스트레칭 배우기** ↓ **함께 이야기해 보기**

건강관리의 중요성 알기

📋 희은이의 일기를 읽고 물음에 답해 봅시다.

>   너무 속상하다. 어젯밤에 라면이랑 아이스크림을 너무 많이 먹어서 배탈이 났다. 너무 아파서 잠을 제대로 못 잤더니 오늘 학교에 지각을 했다. 세상에! 시험 보는 날인데 지각을 하다니! 아마도 시험을 망친 것 같다. 이번 시험에는 공부를 열심히 했는데 너무 속상하다.

☺ 희은이에게는 어떤 일이 일어났나요? 그런 일이 일어난 이유는 무엇인가요?

배탈이 나서 시험을 망쳤다.

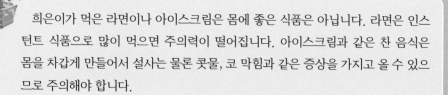

>   희은이가 먹은 라면이나 아이스크림은 몸에 좋은 식품은 아닙니다. 라면은 인스턴트 식품으로 많이 먹으면 주의력이 떨어집니다. 아이스크림과 같은 찬 음식은 몸을 차갑게 만들어서 설사는 물론 콧물, 코 막힘과 같은 증상을 가지고 올 수 있으므로 주의해야 합니다.

📋 여러분에게도 희은이와 비슷한 경험이 있나요? 건강관리를 제대로 하지 못해서 공부하는 데 방해된 적이 있다면 적어 봅시다.

감기에 걸려서 시험 치는 날 지각을 한 적이 있다.

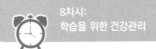

8차시:
학습을 위한 건강관리

공부에 도움이 되는 음식 알기

Tip 요즘 많은 학생이 패스트푸드에만 길들여져 있다. 뇌의 활성화를 돕는 다양한 음식에 대해 알려주고 현재의 식습관과 비교하도록 한다.

📋 다음에는 공부에 도움이 되는 음식 그림이 나와 있습니다. 각 음식이 어떤 효과가 있는지 읽어 봅시다.

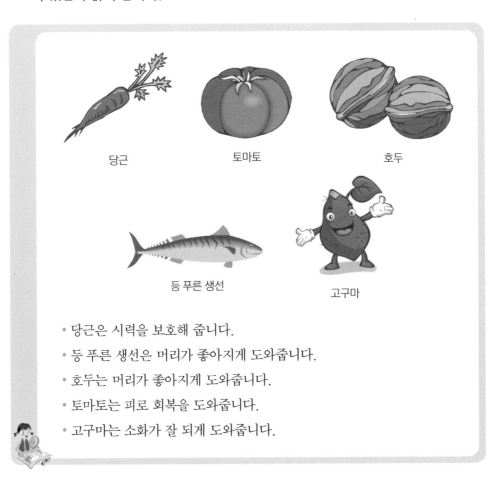

당근   토마토   호두

등 푸른 생선   고구마

- 당근은 시력을 보호해 줍니다.
- 등 푸른 생선은 머리가 좋아지게 도와줍니다.
- 호두는 머리가 좋아지게 도와줍니다.
- 토마토는 피로 회복을 도와줍니다.
- 고구마는 소화가 잘 되게 도와줍니다.

그 밖에 여러분이 알고 있는 음식 중에 두뇌 발달에 도움이 되는 음식은 무엇인지, 해로운 음식은 무엇인지 적어 봅시다.

좋은 음식	해로운 음식
토마토	라면
우유	햄버거
치즈	커피
생선	아이스크림

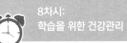
스트레칭 배우기

Tip 앉아서 하는 스트레칭은 공부를 하다가 잘 안 될 때 쉴 수 있게 도와준다. 교사는 학생이 부끄러워하지 않고 적극적으로 스트레칭을 하도록 돕는다.

높은 집중력을 유지하려면 무엇보다 자세가 중요합니다. 자세가 바르지 않으면 혈액 순환이 제대로 되지 않아서 쉽게 피로하고 산만해집니다. 다음과 같은 동작을 통해 집중 시간을 늘려 봅시다. 선생님을 따라해 봅시다.

팔 운동: 두 손을 깍지 끼고 앞으로 5초 동안 쭉 펴고, 다시 위로 5초 동안 쭉 폅니다.

손목 운동: 손과 팔의 힘을 빼고 흔듭니다.

어깨 운동: 어깨를 천천히 돌립니다.

목 운동: 등을 쭉 펴고 앉아 목을 왼쪽, 오른쪽, 옆, 뒤로 두 번씩 돌립니다.

온몸 운동: 의자에서 일어나 양손을 머리 위로 올리고 힘껏 뻗습니다.

스트레칭을 하고 나니 어떤가요?

개운해진다, 기분이 좋아진다.

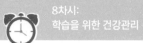

8차시:
학습을 위한 건강관리

함께 이야기해 보기

다음은 여러분이 할 수 있는 건강관리 방법입니다. 이것 외에 건강관리를 할 수 있는 나만의 방법을 생각해 봅시다.

일찍 자고 일찍 일어난다.

일주일에 세 번 친구들과 축구를 한다.

편식하지 않고 골고루 먹는다.

커피를 마시지 않는다.

평소에 즐겁게 지낸다.

횡격막 호흡

학생들은 원하는 대로 잘 되지 않을 때 학업 스트레스를 받는다. 이럴 경우 호흡은 빨라지고 얕아지며 가슴에서 이루어진다. 횡격막 호흡은 복부를 확장하여 호흡할 때 횡격막이 확장되는 것을 의미한다. 이는 다량의 공기를 들이마시고 그것을 느리게 내쉬면서 스트레스를 경감시키는 데 도움을 준다. 이를 매우 깊은 호흡이라 부르는데, 스트레스에 대한 즉각적 반응으로서 매우 효과적이다.

■ 횡격막 호흡을 촉진하는 네 단계를 따라해 보자.

1단계	반듯이 눕고 배에 책을 올려놓는다. 호흡과 함께 책이 올라가도록 한다.
2단계	배 위에 오른손을 얹고 왼손은 가슴 위에 놓으면서 호흡할 때 오른손이 올라가도록 한다.
3단계	시계의 초침을 사용해서 5초 동안 들이마시고 5초 동안 내쉰다.
4단계	주문을 반복하고 마음속에 주문을 말할 때 동시에 호흡한다.

■ 매일 횡격막 호흡을 해 봅시다. 실천하고 '스스로 확인란'에 표시해 봅시다.

날짜	월 일	월 일	월 일	월 일	월 일
스스로 확인란					

🔍 차시의 특성

학습을 위한 마음관리는 자원관리전략의 하나로서 학습에 대한 긍정적인 정서를 형성하는 데 목적이 있다. 특히 학생이 공부하면서 가장 많이 느끼는 좌절감은 자신이 이룬 성취에 대해서 의미 있는 주변인들로부터 긍정적인 피드백을 듣지 못했을 때 일어난다. 실제로 작은 성취를 이뤘을 때 주변으로부터 듣게 되는 긍정적인 피드백이 학습에 대한 관심과 흥미를 유발하고 학습 활동을 지속시키는 동기를 제공한다. 따라서 학습에 대한 긍정적인 태도를 형성하는 데 도움을 주기 위해서는 학습 활동 이후의 피드백에 중점을 두어야 한다.

학습과 관련한 보상이나 피드백은 물질적인 것보다는 정서적인 충족에 초점을 맞추는 것이 필요하다. 물질적인 보상은 간헐적으로 사용하는 것이 학습자의 학습 행동을 지속시키는 데 좋다. 칭찬 스티커나 상과 같은 것들은 처음 몇 번은 효과적인 방법처럼 보이지만 계속될 경우 학습의 동기가 보상을 위한 것으로 전환되기 때문에 학습자의 내재 동기를 무너뜨리고 학습에 대한 흥미를 감소시키는 원인이 된다. 따라서 물질적인 보상보다는 정서적인 충족감을 통한 심리적 보상에 초점을 두는 것이 중요하다.

부모나 교사에 의해서 주어지는 보상이나 칭찬은 학습에 대한 학생의 의지를 높여 주는 데 꼭 필요한 것이지만, 이러한 보상에만 의지하는 경우 역시 학생의 내재적인 동기를 떨어뜨리는 결과를 나타낸다. 따라서 학생 스스로 자신의 학습 활동에 대해서 자기 스스로를 인정하고 격려하는 것이 중요하다는 것을 인식할 필요가 있다. 특히 학습부진을 겪고 있는 학생들처럼 자신의 학습 활동 자체에 대해 부정적인 인식을 가질수록 자기 인식과 격려는 학생의 학습을 지속시키는 심리적인 자원이 된다.

이번 차시는 학생이 학습 활동 후에 자기 자신과 주변으로부터 적절한 칭찬이나 보상을 받는 과정에 대해서 학습하고 연습하는 활동으로 구성되어 있다. 먼저, 물질적 보상을 통한 자기 격려, 다음으로는 심리적인 보상으로서 자기 격려를 통한 보상 활동을 연습한다.

| 학습목표 | ■ 학습을 잘 수행했을 때 나에게 상을 줄 수 있다. |
| | ■ 나 자신에게 격려의 말을 해 줄 수 있다. |

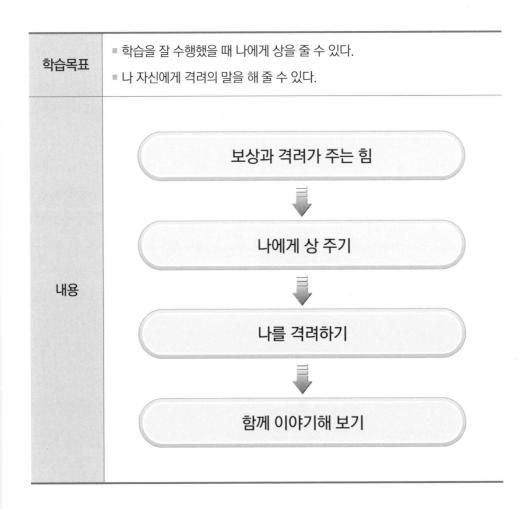

보상과 격려가 주는 힘

⬇

나에게 상 주기

⬇

나를 격려하기

⬇

함께 이야기해 보기

9차시:
학습을 위한 마음관리

보상과 격려가 주는 힘

 다음 상황들을 상상해 보고 내가 느낀 점을 적어 봅시다.

Tip 학습 활동에 대한 적절한 피드백 없이 지속해서 학습을 해야 하는 학생의 입장이라면 심리적 거부 반응이 드는 것은 자연스러운 일이다. 따라서 활동 사이사이에 적절한 언어적 피드백을 준다면, 학생은 학습에 따르는 피로감이 줄어들고, 다음 활동에 집중할 수 있는 내적인 힘을 가지게 된다.

〈상황 1〉
　수진이는 오늘따라 숙제가 유난히 많았어요. 30분 동안 집중하여 국어 숙제를 마쳤어요. 너무 뿌듯한 나머지 엄마에게 말했어요. "엄마, 나 국어 숙제 다 했어!" 그랬더니 엄마는 "그래? 얼른 책 읽고 피아노 연습해." 결국 쉴 틈도 없이 다시 책을 펼쳤어요.

☺ 수진이는 어떤 느낌이 들까요?

속상하다, 지친다, 화가 난다, 짜증난다, 힘들다.

☺ 국어 숙제를 잘 마친 수진이에게 주고 싶은 것을 다음 중 골라 보세요.

열심히 공부를 한 후, 나 자신에게 '상'을 주는 습관을 길러 보아요.
그러면 더욱 힘이 나고, 다음 해야 할 일을 기분 좋게 시작할 수 있답니다.

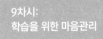

9차시:
학습을 위한 마음관리 **나에게 상 주기**

📋 '상'은 내가 좋아하는 어떤 것을 받거나, 내가 좋아하는 활동을 하는 것이 될 수
있어요. 내가 좋아하는 것을 적어 봅시다.

Tip 학생이 원하는 것을 물어보는 활동을 통해서 학생의 다양한 측면을 활용할 수 있다. 학생들의 개
인차가 있기 때문에 보상으로 선호하는 것들이 다를 것이다. 따라서 학생들이 무엇을 원하고 좋
아하는지, 무엇을 할 때 보상받는다는 느낌이 드는지를 함께 탐색해 보면 그 자체로 학생들에게
는 자기 욕구가 존중받는다는 느낌을 갖게 해 줄 것이다. "공부가 끝난 후에 무엇을 하면 ○○이
의 기분이 좋아질까?" 혹은 "공부한 후에 무엇을 하면 스트레스가 줄어들게 될까?" 등의 질문을
통해서 학생의 욕구를 읽어 주는 활동을 할 수 있다.

내가 좋아하는 것	내가 좋아하는 음식	내가 좋아하는 활동
컴퓨터 게임 친구들과 놀기 유희왕 카드	자장면 아이스크림 피자	놀이공원 가기 물놀이 하러 가기 놀이터에서 놀기

📋 내가 나 스스로에게 줄 수 있는 '상'도 많지만, 가끔은 부모님이나 선생님께 요청
을 해야 할 때가 있어요.

• "엄마, 오늘 숙제 다 했어요. 맛있는 간식 해 주세요!"

• " 저 잘했죠? 어제 자기 전에 예습을 하고 잤어요. 칭찬해 주세요!"

• "아빠, 저 시험 공부를 최선을 다해 열심히 했어요. 유희왕 카드 사 주세요!"

 9차시:
학습을 위한 마음관리

나를 격려하기

📋 빠른 시간 안에, 단 한 번의 노력으로 좋은 결과가 나오면 얼마나 좋을까요? 하지만 대부분의 경우, 만족스러운 결과를 얻기까지는 많은 노력과 시간이 필요합니다. 포기하지 않을 자신 있나요? 나를 격려하는 말을 연습해 봅시다.

"난 한 번 마음먹은 일은 해낼 수 있어!"

"이것만 마치면 마음 편하게 신 나게 놀 수 있어!"

"조금만 힘을 내 보자."

"넌 할 수 있어, 힘을 내 보자."

"그래, 공부란 정말 힘들고 끈기가 필요한 일이야."

> **Tip** 학생이 지속적인 학습활동을 위해서 기본적이면서도 널리 활용할 수 있는 자원이라고 한다면 그것은 심리적인 자신감과 효능감이 될 것이다. 특히 학습부진을 겪는 학생은 조금만 어려움을 겪어도 쉽게 포기해 버리는 특성을 나타낸다. 지속되는 좌절감을 느끼는 것이 싫기 때문이다. 따라서 학습부진으로부터 벗어나기 위해서 가장 필요한 자원은 심리적인 자신감과 끈기라 할 수 있다. 이와 같은 활동을 통해서 학생의 자신감과 끈기를 기르는 데 중점을 둔다.

😊 거울 속에 나를 그려 보아요.

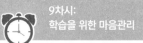
함께 이야기해 보기

📋 이번 시간을 통해서 어렵거나 힘든 일을 할 때, 혹은 그런 일들을 잘 마쳤을 때 나 자신에게 줄 수 있는 보상과 격려에 대해 알아보았어요. 어때요? 이렇게 하면 공부할 때 나의 마음이 좀 더 편안해질까요? 이번 시간에 느낀 점을 적어 봅시다.

> 열심히 공부하고 난 후에 나에게 상을 준다면 기분이 더 좋아져서 열심히 하고 싶은 마음이 들 것이다.

   우리가 해야 할 일들을 잘 해내기 위해서는 보상과 격려를 통한 마음의 힘이 꼭 필요하답니다.

현명한 심리적 보상: 칭찬

칭찬은 어떻게 하느냐에 따라서 그 효과가 달라진다. 적절한 방법으로 칭찬하지 않는다면 차라리 칭찬을 하지 않는 것만 못한 효과를 나타낸다. 학생들의 마음을 얻는 적절한 칭찬의 원리는 다음과 같다.

1. 결과보다는 과정을 칭찬한다.

결과에 대한 칭찬은 학생들로 하여금 과정보다는 결과에만 관심을 가지게 만든다. 가령, 100점을 맞아서 칭찬을 받은 아이는 또 다시 칭찬을 받기 위해서 수단과 방법을 가리지 않고 100점을 받는 데에만 몰두하게 된다. 공부하는 과정을 칭찬해 주게 되면 자연스럽게 좋은 결과가 나오기 때문에 과정을 칭찬하는 데 초점을 두는 것이 학생들의 건강한 학습활동을 위해서 필요한 일이다.

2. 구체적인 내용으로 칭찬한다.

"네가 최고다." "엄청 잘 하는데!"와 같은 무의미한 내용의 칭찬은 학생들을 어리둥절하게 만들고, 무엇을 잘했는지 모르고 칭찬을 받기 때문에 그 효과가 긍정적이지 않다. 무엇보다도 학생들이 칭찬에 무감각해지게 만들기 때문에 칭찬의 효과를 떨어뜨리게 된다. 따라서 칭찬을 할 때 구체적인 내용으로 하고, 칭찬받을 상황에서 하는 것이 필요하다.

3. 보상과 연관 짓지 않는다.

칭찬은 심리적인 충족감과 연관되어 있다. 따라서 물질적인 보상과는 연계시키지 않는 것이 필요하다. 물질적인 보상은 공부를 하는 목적을 보상 때문으로 만든다. 반면에 칭찬을 받게 되면 자신에 대한 자긍심을 갖게 된다.

4. 항상 함께 있다는 믿음을 주는 것이 최고의 칭찬이다.

학생에게 어떤 일이 일어나더라도 항상 함께하겠다는 것이 가장 효과적인 칭찬이다. 학생의 성취 여부와 관계없이, 그리고 노력 여부와 관계없이 항상 누군가가 자신을 보고 응원을 보내고 있다는 것만큼 학생들에게 자신감과 힘을 주는 것은 없다.

10차시: 공부 습관 만들기

🔍 차시의 특성

　습관이란 우리가 반복적으로 하는 행동이다. 이런 습관에는 좋은 습관도 있고 나쁜 습관도 있는데, 개인은 습관을 만들 힘도, 바꿀 힘도 가지고 있다. 물론 그러한 변화의 과정을 겪기 위해서는 어느 정도의 훈련과 노력이 필연적으로 수반되어야 한다.

　10차시는 자원관리 영역을 마무리하면서, 학생이 자신의 주변에 있는 자원을 보다 자연스럽고 유연하게 사용할 수 있는 습관을 만드는 데 초점을 두고 있다. 현재 자신의 학습을 향상시키기 위해서 필요한 전략이 무엇인지 살펴본다. 다시 말하면, 어떤 전략은 잘 습관화하여 사용하고 있으며, 어떤 전략은 기능적이지 못하기 때문에 좀 더 기능적으로 변화시켜서 사용해야 할까를 고민하고, 실제로 반복적인 연습과 노력을 통해서 습관을 들이도록 노력해야 한다. 따라서 이번 차시에서는 학생들이 앞에서 배웠던 네 가지 전략들을 전반적으로 살펴보고, 또 전략들을 어떻게 효과적으로 습관화할 수 있을지에 대해 구상을 한다. 이 차시를 실시할 때 상담자나 교사는 다양한 상황을 제시하고 질문을 던짐으로써 학생이 주도적으로 활동할 수 있도록 도와야 한다.

학습목표	▪ 습관화 전략에 대해 말할 수 있다. ▪ 앞에서 배운 자원관리전략을 습관화할 수 있다.
내용	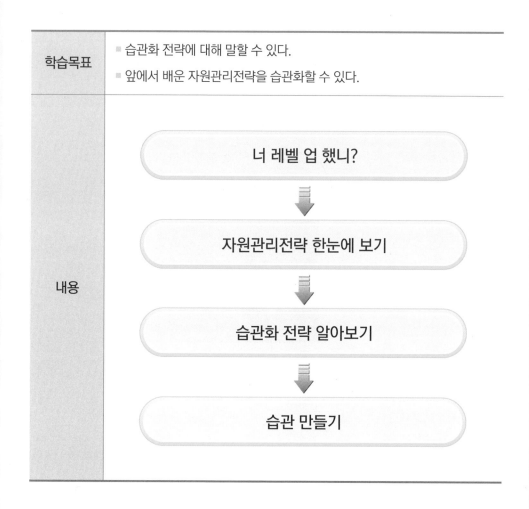

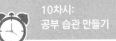

10차시:
공부 습관 만들기

너 레벨 업 했니?

Tip 게임을 통해 재미있게 자원관리전략의 여러 가지 자원을 획득하는 계획을 세웠던 1차시를 상기
시킨다. 처음에 비해 자신이 얼마나 달라졌는지 점검하는 기회가 될 수 있도록 한다.

다음의 표에 나의 상태를 그래프로 나타내 봅시다.

	20	40	60	80	100
지도 (시간관리)	███	███	███		
요술 망토 (자기관리)	███	███	███		
요정의 램프 (공간관리)	███	███	███	███	
전설의 백마 (도움 요청)	███	██			

첫 시간 우리는 공부라는 목표를 정복하기 위해 다양한 아이템을 가져야 한다는
것을 배웠어요. 그래서 시간관리, 학습공간관리, 도움 요청, 자기관리라는 아이템
을 획득하는 것이 많은 도움을 줄 수 있다는 걸 알게 되었죠. 그렇다면 여정을 마친
지금 우리의 생각이나 모습은 얼마나 달라졌을까요?

자원관리전략 한눈에 보기

Tip 지금까지 앞 차시에서 배워 온 자원관리전략을 한눈에 살펴보며 복습한다.

지금까지 배운 다양한 자원관리기술을 한눈에 살펴봅시다. 학습 기술의 이름을 말하고 특징을 설명해 보세요.

시간관리	학습공간관리
도움 요청	자기관리

10차시:
공부 습관 만들기

습관화 전략 알아보기

Tip 자원관리전략을 습관으로 만들어야 새로운 배움이 의미 있어지고 보다 나은 학업성취가 가능해진다. 그러므로 이를 습관화할 수 있는 방법 및 전략에는 무엇이 있는지 함께 살펴본다.

지금까지 배운 자원관리기술들을 하나씩 실천할 때는 어려움이 많지만, 이 기술들을 사용하는 습관을 가지게 된다면 훨씬 수월하게 공부를 할 수 있게 됩니다.

📋 자원관리기술들을 습관으로 만들기 위한 전략은 다음과 같습니다.

- 한 번 시작한 것은 끝까지 해요.
- 일정한 시간과 장소를 정해서 공부해요.
- 중요하다고 생각한 것은 꾸준히 해요.
- 꼭 100%를 달성할 필요는 없어요. 완벽하지 않더라도 시작한 것 자체에 의미가 있습니다.
- 정해진 종이에 나의 기술 활용 내역을 기록해요.

습관 만들기

Tip 차시가 끝난 후에도 일정 시간에 걸쳐 습관화 정도를 체크한다. 교사가 가능한 한 즉각적으로 매일 피드백을 줌으로써 학생의 자원관리전략 습득을 지원한다.

앞에서 살펴본 습관화 전략 중, 정해진 종이에 나의 기술 활용 내역을 기록해 보는 연습을 해 보아요. 다음 활동지에 실천할 내용을 적고, 매일매일 'ㅇ' 'x'로 실천 여부를 평가해 봅시다.

전략	실천할 내용	월	화	수	목	금	토
시간관리기술	늦게 자지 않기	○	○	×	×	×	
	하루에 공부 2시간하기	×	○	×	○	×	
	하루에 게임 1시간하기	×	×	×		○	
학습공간관리	책상은 깨끗이	○	○		○	×	
	책은 책꽂이에 두기	○	○		○	×	
	공부할 때 인터넷 안 하기	×		○	×	○	
도움 추구	모르는 문제 부모님께 물어보기	×	○	○	×	○	
	틀린 문제 물어보기		○	×			○
	친구와 같이 공부하기	○	×			○	○
자기관리	방과 후 친구들과 축구하기	○	○		○		
	운동장 달리기		○				
	음식 골고루 먹기	○			○	○	

걱정 그만! 고민 그만!

☺ 아래에 제시된 활동은 걱정과 고민으로 불안한 마음이 들어 공부에 집중할 수 없는 경우에 실시한다. 다음 절차에 따라 활동을 실시한다.

① 공부를 할 때 떠오르는 걱정거리와 고민거리를 활동지에 기입한다.
② 걱정거리와 고민거리들 중 자신이 해결할 수 있는 일과 해결할 수 없는 일을 구분한다.
③ 자신이 해결할 수 있는 일에 대해서는 해결 방안을 마련해 본다.
④ 해결할 수 없는 일에 대해서는 고민하고 걱정할지라도 해결할 수 없음을 받아들일 수 있도록 돕고, 나중에 생각하기로 스스로 선택할 수 있게 돕는다.

☺ 이때 학생이 고민하고 걱정하는 일이 실제로 발생하면 어떨지에 대해 말하게 한다. 만약 학생이 하는 걱정이 비합리적이거나 학생의 생각 속에만 있는 것이라면 다른 방식으로도 생각할 수 있다는 것을 알려 준다. 그리고 학생의 부정적인 내적 언어를 긍정적으로 바꿔 준다. 예를 들어, '지금 내가 과제를 시작해도 절대로 다 하지 못할 거야.'라고 걱정하는 학생의 경우에 과제를 할 수 있는 시간이 어느 정도 있는지, 그 시간 동안 내가 어느 정도 과제를 할 수 있을지 계산하게 하고 어느 정도 숙제를 할 수 있을지 현실적으로 판단할 수 있게 돕는다. 또한 부정적인 내적 언어를 '지금 내가 과제를 시작하면 반 이상 과제를 할 수 있을 거야. 그러다가 다 할 수도 있을 거야.'로 바꿔 준다.

김동일(Kim, Dongil)

현재 서울대학교 사범대학 교육학과 교육상담전공 및 대학원 특수교육전공 주임교수로 재직하고 있다. 서울대학교 교육학과를 졸업하고 교육부 국비유학생으로 도미하여 미네소타대학교 교육심리학과(학습장애)에서 석사·박사학위를 취득하였다. Developmental Studies Center, Research Associate, 한국청소년상담원 상담교수, 경인교육대학교 교육학과 교수, 한국학습장애학회 회장, 한국교육심리학회 부회장, (사)한국상담학회 법인이사, 한국청소년상담(복지개발)원 법인이사를 역임하였다. 2002년부터 국가수준의 인터넷중독 척도와 개입연구를 진행해 왔으며, 정보화역기능예방사업에 대한 공로로 행정안전부 장관표창을 수상하였다. 현재, BK21PLUS 미래교육디자인연구사업단 단장, 서울대 다중지능창의성연구센터(SNU MIMC Center) 소장, 서울대 특수교육연구소(SNU SERI) 소장 및 한국아동청소년상담학회 회장, 한국인터넷중독학회 부회장, 여성가족부 청소년보호위원회 위원, (사)한국교육심리학회 법인이사 등으로 봉직하고 있다. 『학습장애아동의 이해와 교육』『학습상담』『학교상담과 생활지도』『학교기반 위기대응개입 매뉴얼』『특수아동상담』을 비롯하여 30여 권의 (공)저서와 200여 편의 학술논문이 있으며, 10개의 표준화 심리검사를 개발하고, 20편의 상담사례 논문을 발표하였다.

BASA-ALSA와 함께하는 학습전략 프로그램 워크북 ③

자원관리전략 기르기

2015년 8월 25일 1판 1쇄 인쇄
2015년 9월 1일 1판 1쇄 발행

지은이 • 김동일
펴낸이 • 김진환
펴낸곳 • (주)**학 지 사**

121-838 서울특별시 마포구 양화로 15길 20 마인드월드빌딩
대표전화 • 02)330-5114   팩스 • 02)324-2345
등록번호 • 제313-2006-000265호

홈페이지 • http://www.hakjisa.co.kr
페이스북 • https://www.facebook.com/hakjisa

ISBN 978-89-997-0793-3 94370
     978-89-997-0790-2 (set)

정가 9,000원

인터넷 학술논문 원문 서비스 **뉴논문** www.newnonmun.com

이 도서의 국립중앙도서관 출판시도서목록(CIP)은 서지정보유통지원시스템
홈페이지(http://seoji.nl.go.kr)와 국가자료공동목록시스템(http://www.
nl.go.kr/kolisnet)에서 이용하실 수 있습니다.
(CIP제어번호: CIP2015025971)

BASA | 기초학습기능 수행평가체제란?

Basic Academic Skills Assessment

학습부진 아동이나 특수교육 대상자의 학업수행수준을 진단·평가하는 국내 최초의 검사로 실시가 간편하고 비용부담이 적어 반복실시가 가능하며, 전체 집단 내에서 아동의 학습능력이 어느 정도인지 상대적인 수준 파악이 가능합니다.

아동의 기초학습기능 수행발달수준을 진단하고 학습발달정도를 반복적으로 평가하여 학습수준을 모니터링함으로써 학습부진 영역에 관한 구체적인 정보를 얻을 수 있습니다. 또한 이를 통해 추후 발생할 수 있는 학업문제들을 예방하고 대상자의 수준에 알맞은 교수계획 및 중재계획을 수립할 수 있습니다.

BASA 초기수학

수학학습장애 혹은 학습장애위험군 아동의 조기판별 및 초기수학 준비기술 평가

BASA 초기문해

아동의 초기문해 수행수준과 읽기장애를 조기에 판별하고 아동의 학업관련 성장과 진전도 측정에 유용

BASA 읽기

읽기 부진 아동의 선별, 읽기장애 진단을 위한 읽기유창성검사

BASA 쓰기

쓰기능력 발달과 성장을 측정하고 쓰기부진아동의 진단 및 평가

BASA 수학

수학 학습수준의 발달과 성장을 측정하고 학습부진, 특수교육 아동을 위한 진단 및 평가

KOPS
KOrea Psychological Services

학지사 심리검사연구소
www.kops.co.kr